YENI
RAKI

세계명작에 숨어있던 맛있는 이야기

내 책갈피 속 봉봉

정세진

내 책갈피 속 봉봉

세계명작에 숨어있던 맛있는 이야기

정세진

고전 창작물 속 음식들에 중 가장 먼저 호기심을 가졌던

유럽의 음식을 시작으로 아프리카, 아메리카, 아시아 등

세계 각지의 맛과 문화를 탐색

도서출판 디자인

Prologue

세계 명작의 행간에 숨겨진 음식과 문화, 그리고 그 역사를 추적하기

셸 실버스타인의 동화 『거꾸로 총을 쏜 사자 라프카디오』에는 마시멜로를 너무나 사랑하는 사자가 나옵니다. 하지만 막상 주인공은 태어나서 단 한 번도 마시멜로를 먹어보지 못했다는데요. 사실 그는 '마시멜로'라는 단어가 주는 '믐믐믐'이라는 어감을 좋아하는 것이었습니다.

저도 어린 시절 라프카디오처럼 상상으로만 알고 있는 음식들을 동경했습니다. 특히 외국을 배경으로 한 동화에서 튀어나오는 낯선 이름의 음식들이 과연 어떤 모양과 맛을 가졌을까, 무척이나 궁금했습니다. 그 시절에는 검색 한 번으로 정보를 뚝딱 찾아낼 수도 없었고, 우리나라 출판계의 흑역사(!)라고 할 수 있는, 일본판 중역이 대부분이었던 탓에 음식의 실체를 알아내기는 더욱 어려웠습니다. 그래서 당시의 저는 머릿속 상상으로 낯선 음식들을 그려냈는데요. '봉봉'은 왠지 꿀이나 시럽이 들어간 사탕일 것 같다고 생각했고, '망고'라는 단어를 듣고는 달콤한 복숭아 같은 과일일 거라고 상상해 봤습니다.

이런 상상력에는 책 속 음식을 더욱 맛있어 보이게 하는 효과도 있는 듯합니다. 전 세계를 열광하게 만든 판타지 소설, 『해리포터』 시리즈를 읽은 독자라면 아마 한 번쯤 "버터맥주는 무슨 맛일까?" 궁금해한 적이 있으실 거예요. 막 청소년기에 접어든 주인공 해리는 그 "따뜻하고 부드러운" 맛에 빠져들고, 꼬마 집요정 도비는 맛있는 버터맥주를 홀짝거리다 취하고 말지요. 그보다 버터 맛이 나는 맥주라니, 언뜻 상상이 되지 않습니다.

해리포터는 마법사의 세계를 다룬 작품인 만큼 당연히 이 버터맥주는 실제로 존재하지 않습니다. 다만 작가 조앤 롤링은 인터뷰에서 "어린 시절 즐겨 먹었던 버터스카치에서 버터맥주의 이미지를 떠올렸다."고 언급한 적이 있습니다. 상상이지만 현실을 반영하고 있는 셈이지요. 또한 판타지가 아닌 현실을 소재로 한 문학에서는 이런 음식들이 보다 생생하게 묘사되어 읽는 재미를 더해주고 있습니다.

이런 창작물들은 배경이 되는 시대와 사회의 모습을 반영하기에, 작품에 등장하는 음식들이 한 시절을 읽는 중요한 키워드가 되는 일이 많습니다. 우리는『하이디』를 통해 '흰 빵과 검은 빵'이 빈부 격차를 나타내는 소재라는 것을 알 수 있지요. 또『15소년 표류기』에서는 남태평양의 섬에서 기어이 차나무를 찾아내는 영국인들의 집념을 엿볼 수 있었습니다. 제가 개인적으로 안타깝게 생각하는 점 하나는 이런 음식들이 작품 감상에 더 넓은 이해의 폭을 제공하는데도 불구하고, 사소한 소품으로 취급받는 경향이 여전하다는 것입니다.

『내 책갈피 속 봉봉』은 대수롭지 않게 스쳐 지나갔던 고전 창작물 속 음식들이 주인공입니다. 제가 가장 먼저 호기심을 가졌던 유럽의 음식을 시작으로 아프리카, 아메리카, 아시아 등 세계 각지의 맛과 문화를 탐색합니다. 우리나라 어린이, 청소년들이 접하는 외국 문학이 대부분 서구권 작품이다 보니 지역별 균형(?)을 맞추기 위해 몇몇 글들은 비교적 최근에 나온 책을 소재로 삼기도 했습니다. 그리고 끝으로는 한국으로 돌아와 고전과 근현대 문학 속에 등장하는 우리 옛 음식 이야기를 담았습니다. 익숙한 문학 작품 속 침이 꼴깍 넘어가는 음식 묘사와 함께 그 숨겨진 의미를 찾아내는 탐정 놀이의 즐거움을 여러분께 선사하고 싶습니다.

Contents

Chapter 03 | 아메리카의 맛 | 139

Chapter 04 | 아시아의 맛 | 173

GREENLAND
CANADA
UNITED STATES
BRAZIL

Chapter 01
유럽의 맛

웃음과 눈물이 함께하는 달콤 쌉싸름한 일상다반사

안톤 체호프의 단편 소설과 러시아 음식

안톤 체호프

아무리 산해진미로 배를 채웠어도 다음날이면 집밥을 찾는 게 사람이다. 따라 하기 쉽고 친숙한 맛을 내는 백종원 레시피가 대중들에게 인기를 끄는 이유도 같은 맥락일 것이다. 이런 심리는 삶을 그려내는 문학 작품에도 적용되는 듯하다. 가령 특별할 게 없는 일상을 담은 안톤 체호프Anton Pavlovich Chekhov의 단편들은 오늘날까지 사랑받는 명작으로 꼽힌다.

담담한 듯 진한 여운을 남기는 안톤 체호프의 문학 세계는 그의 성장 배경에서 그 근원을 찾을 수 있다. 러시아 남부 항구 도시 타간로크에서 태어난 그는, 농노 신분이었다가 자수성가한 조부를 두었으며 부친은 잡화상을 운영했다. 청소년기에 아버지가 파산하자 체호프는 고학으로 의대에 진학한다. 그 시절 대학, 더구나 의대를 가난한 농노의 자손이 다닌다는 것은 상상하기 어려운 일었다. 게다가 문학이 귀족 계급의 전유물이었던 시대 상황을 볼 때 체호프의 이력은 극히 이례적이다.

체호프가 글을 쓰게 된 것도 사실은 생계 때문이다. 학비와 가족의 생활비를 해결하기 위해 단편 소설을 대중 잡지에 기고하기 시작한 그는 녹록지 않은 창작 환경에서도 「관리의 죽음」, 「카멜레온」, 「하사관 프리시베예프」 등 위트와 감동이 담긴 작품들을 써낸다. 그의 작품을 읽은 작가 D. V. 그리고 로비치Dmitrii vasilievich Grigoro´vich는 1886년 "재능을 낭비하지 말라."는 충고를 했고, 이는 체호프가 작가로서 본격적으로 활동하는 계기가 된다.

그의 작품에는 소소한 일상을 묘사하는 소재로 음식이 흔히 사용된다. 실제로 미식가였다는 체호프는 지식 계급인 인텔리겐차들이 주로 먹던 메뉴를 작품에 자주 등장시켰는데, 특히 「어리석인 프랑스인」 이라는 단편에서는 당시 러시아인들의 식생활과 그에 대한 체호프의 자부심을 읽을 수 있다.

화자로 등장하는 프랑스 서커스 단원 앙리 푸르쿠아는 공연 여행 중 아침 식사를 해결하기 위해 모스크바 외곽의 한 허름한 레스토랑을 찾는다. 가벼운 수프 한 그릇을 주문하고 기다리는데 그의 옆에서는 단정한 신사가 버터와 캐비아를 바른 뜨거운 블리니를 순식간에 먹어 치우고, 그걸로도 모자란다며 말린 생선인 발리크와 연어를 추가로 주문한다. 보드카와 함께 그 많은 음식을 즐기는 신사를 보고 앙리는 그가 어딘가 아픈 건 아닌지 걱정한다.

오늘날 프랑스는 미식의 본고장으로 유명하지만 사실 프랑스 음식 문화도 다양한 주변국들의 영향을 받아 변화해 왔으며, 그중에는 러

캐비아를 얹은 블리니

시아도 포함된다. 러시아가 영향을 미친 식문화의 대표적인 예로는 코스 요리를 들 수 있다. 과거 왕궁이나 귀족들의 식사는 다양한 음식을 한 상에 차려 먹는 것이 기본이었다. 하지만 날씨가 추운 러시아에서는 음식이 빨리 식어 버리기 때문에 차례로 만들어서 하나씩 가져오는 방식을 택했고, 이 방식은 갓 만든 음식의 맛을 즐길 수 있다는 이유로 프랑스에까지 전파됐다.

식당을 겸한 선술집 비스트로bistro도 나폴레옹 전쟁 이후 러시아 군인들로부터 유래했다는 설이 유력하다. 러시아어로 '빨리빨리'를 뜻하는 'быстро'의 발음이 '비스트로'에 가까운데, 군인들이 음식을 재촉하면서 자주 썼던 단어가 식당을 가리키는 말이 된 것이다. 비스트로는 레스토랑에 비해 가벼운 식사가 제공되며 좀 더 캐주얼한 분위기에서 음식과 술을 즐길 수 있는 장소다.

참고로 프랑스 정부는 예술가들의 회합의 장소이자 사교의 장으로서 역할을 해 온 비스트로의 유네스코 세계문화유산 등재를 추진하고 있다. 이런 사실들로 미루어 보면 「어리석은 프랑스인」이라는 단편의 제목은 러시아 음식 문화에 대한 체호프의 자부심을 담은 게 아닌가 짐작되기도 한다.

작품에 등장하는 블리니는 러시아의 국민 메뉴라고 할 만큼 많은 이들이 즐겨 먹는 음식이다. 기온이 서늘하고 토지가 척박한 러시아에서는 밀을 대체하기 위한 작물로 메밀이 많이 쓰였다. 메밀가루를 반죽한 블리니는 막 구워 따끈할 때 그대로 먹거나 여러 가지 토핑을 얹어 메인 메뉴 혹은 디저트로 즐긴다. 캐비아와의 조합이 가장 유명하지만 연어알로 대체하는 경우도 많다.

한편 캐비아는 러시아의 대표적인 특산품 중 하나다. 철갑상어 알을 소금에 절인 캐비아는 세계에서 가장 비싼 식재료로도 알려졌는데, 반드시 철갑상어 알만을 사용하는 것은 아니고 같은 철갑상어라도 종류에 따라 가격 차이가 상당하다. 상급에 속하는 철갑상어는 알 하나하나가 또렷하고 회색빛을 띠며, 짠맛보다는 감칠맛이 돈다. 러시아인들은 작게 만든 블리니에 사워크림인 스메타나를 얹고 캐비아를 올려 카나페처럼 먹는다. 여기에 시원한 보드카를 곁들이면 최고의 술과 안주 조합이 된다.

추운 지역인 만큼 수프 같은 국물 요리도 발달했다. 우리나라 사람들도 한 번쯤 이름은 들어 보았을 보르시는 우크라이나 향토 요리에서 비롯된 대표적인 수프 메뉴다. 중세 우크라이나의 가난한 농민들은 '호그위드'라는 식물의 뿌리로 수프를 만들었는데 아린 맛을 없애기 위해 그때그때 구할 수 있는 소의 잡뼈나 다른 채소류, 버섯 등을 넣고 장시간 푹 끓였다. 오늘날 가장 유명한 형태의 보르시는 비트를 넣어 붉은빛이 난다. 여기에 거의 모든 음식에 곁들여지는 스메타나를 넣으면 핑크색의 국물이 뽀얀 수프가 된다.

비트를 넣어 붉은빛이 나는 보르시

러시아 하면 차 문화도 빼놓을 수 없다. 체호프의 단편 「이반 마트베이치」에는 한 학자의 대필 일을 하는 젊은이가 등장한다. 학자가 옆에서 끊임없이 잔소리를 하는데도 청년은 하녀가 가져온 뜨겁고 달콤한 차와 유지가 들어간 비스킷에 마음이 쏠려 있다.

러시아의 차 문화는 1638년 몽골 사절단이 차르 미하일 로마노프에게 선물한 차 200 봉지에서 비롯됐다. 네르친스크 조약[1) 이후 중국차가 수입되면서 러시아식 사모바르의 사용도 보편화됐다. 러시아인들은 진하게 장시간 우려낸 홍차를 즐기는데 아무래도 쓰고 떫은맛이 강해지므로 설탕 덩어리나 잼을 입에 물고 차를 흘려보낸다. 함께 먹는 티푸드로는 꿀과 크림을 층층이 넣은 메도빅, 밀피유의 일종인 나폴레옹, 사과를 이용해 만든 당과 빠스찔라 등이 대표적이다. 한·러 수교 이후에는 우리나라의 초코파이도 저렴하면서 실속 있는 티푸드로 각광받고 있다.

티푸드로 사랑받는 메도빅

1) 1689년 네르친스크에서 청나라와 러시아가 맺은 조약. 양국은 스타노보이산맥과 아르군강으로 국경을 확정하였고 러시아는 헤이룽강 하류 지역의 러시아 기지를 철수하였으며 대신 청과의 무역을 보장받았다.

러시아식 찻주전자 사모바르와 블리니

강과 호수, 숲이 많은 지역적 특성으로 러시아 음식 중에는 각종 베리류와 버섯 등을 재료로 하는 것이 많다. 러시아인들의 베리류 사랑은 체호프의 단편 「구스베리」에서도 엿볼 수 있다. 주식으로는 죽의 일종인 까샤와 거칠고 시큼한 맛의 호밀빵을 즐겨 먹는다. 만두와 비슷한 펠메니도 대중적인 음식 중 하나다. 추운 기후 탓에 야채는 종류가 적은 편인데 순무, 양배추, 래디시, 오이 등 서늘한 곳에서도 잘 자라는 채소들이 주로 사용된다. 한 TV 예능 프로그램을 통해 알려진 '한국 당근'이라는 메뉴는 김치 재료를 구하기 어려웠던 고려인들이 당근으로 만든 절임 요리다.

한편 체호프의 작품들은 어떤 거대 담론이나 철학을 담기보다는 사실을 객관적으로 묘사하는 자연주의의 영향을 많이 받았다. 1880년대에 쓰인 「지루한 이야기」에서 화자인 노교수는 반제정 투쟁에 뛰어든 젊은 세대에게 "나에게는 사상이나 감정을 통일하는 공통 이념이 없다."고 말하는데, 이는 체호프 자신의 목소리이기도 하다.

러시아식 만두, 펠메니

다만 그가 시대정신을 외면했다고 보기는 어렵다. 1890년 체호프는 폐결핵이 악화되고 있음에도 죄수들의 유형지인 극동의 사할린섬으로 건너가 제정 러시아 감옥 제도의 실태를 파헤쳤다. 르포르타주 「사할린섬」과 「유형지에서」, 「6호실」 같은 작품들은 인간 본연의 자유 의지를 고취하고자 했던 체호프의 의지를 보여준다.

후기 희곡 작품인 「바냐 아저씨」나 「벚꽃 동산」에서 체호프는 인민의 평등을 추구하는 마르크스주의 혹은 나로드니키 사상을 기반으로, 조금씩 끝을 향해 가고 있는 제정 러시아 사회의 붕괴를 담담하게 그려낸다. 의사이기도 했던 그는 농민들을 무료로 진료해 주기도 하고 기근과 콜레라에 대한 대책을 세우며, 학교 건립, 교량 및 도로 건설 같은 각종 사회사업에도 힘썼다.

러시아 민중에 대한 그의 애정은 소박함 속에 일상의 달고 쓴맛들을 녹여낸 단편 작품들과 그 행간에 묘사된 서민 음식을 통해 오늘날까지도 생생하게 전해지고 있다. 체호프 작품 속 음식 이름들은 분명 우리에게 낯설지만, 일상다반사를 소재로 한 인간의 보편적 정서는 시대와 문화권을 초월해 많은 이들에게 감동을 준다.

참고 문헌

- 안톤 체호프, 『어리석은 프랑스인』, 문석우 옮김, 씨네스트, 2017.
- 이춘근, 『러시아 민속문화』, 민속원, 2007.
- 우문호 외 5, 「혹독한 자연환경 속에 꽃피운 러시아의 음식과 문화」, 『글로벌 시대의 음식과 문화』, 학문사, 2006.
- "Russian National Cuisine", advantour.com

낯선 북녘의 땅, 생소하지만 정감 있는 식문화

북유럽 동화와 다양한 먹거리의 세계

2000년대 초반 대한민국에서는 뜬금없이 핀란드라는 나라가 사람들의 관심을 모았다. 외교적 이슈가 있었던 것도 아니고 핀란드 영화가 히트를 친 것도 아닌데 핀란드의 이름이 머나먼 한국에서 그렇게 자주 오르내린 건, '호밀빵'과 '자일리톨'이라는 키워드를 앞세운 두 광고 때문이었다. 특히 치아 건강에 좋다는 자일리톨 껌은 "휘바 휘바[2)]"라는, 낯선 이국의 인사말을 유행어로 만들기도 했다.

이런 유행이 스쳐갔다는 것은 그만큼 핀란드를 비롯한 북유럽 지역의 민족과 문화가 한국인에게 생소하다는 반증이기도 하다. 지금도 북유럽, 하면 대다수의 한국인은 휴대폰 제조사나 가구 전문점, 혹은 2019년 개봉한 공포영화 〈미드소마〉 정도를 떠올릴 것이다. 하지만 사람 사는 곳이 다 그렇듯, 동화나 민담을 통해 보는 북유럽인들의 생활상은 소박하면서도 어쩐지 친근하다.

계몽사의 '소년소녀 세계명작동화' 전집을 기억하는 이들 대부분은 시리즈 중 『북유럽 동화집』이 가장 재미있었다고 말한다. 척박한 환경을 이겨내며 살아온 북유럽인들의 근면과 검소함, 그리고 파란 많은 역사적 배경 등에 우리나라 사람들도 공감할 만한 부분이 많았기 때문이리라 짐작된

2) 일상 핀란드어에서는 '휘바'를 반복하지 않고 한 번만 길게 발음한다. (참고: "휘바 휘바? 20년간 핀란드 문화 왜곡한 롯데 자일리톨", 《뉴스톱》)

목가적인 스웨덴의 시골 풍경

다. 그중 핀란드 시인이자 소설가, 동화 작가인 토펠리우스Zachris Topelius의 「산딸기와 임금님」은 두 소녀의 짧은 모험담에 작가의 귀여운 상상력이 재미를 더한 작품이다.

주인공 자매 테레즈와 아이나는 어느 날 산딸기를 씻다가 커다란 벌레를 발견한다. 오빠인 로렌조는 태연하게 벌레를 죽이자고 하지만 두 소녀는 몰래 벌레를 수풀에 놓아준다. 그날 오후, 잼을 만들 산딸기를 따러 무성한 숲으로 향한 둘은 그만 길을 잃고 마는데… 무섭고 배가 고파 엉엉 우는 테레즈와 아이나에게 난데없이 먹음직스러운 고기 샌드위치와 우유가 쥐어진다. 영문도 모른 채 맛있게 먹었더니 이번에는 푹신한 침대가, 자고 일어난 후에는 모닝커피까지 나온다.

알고 보니 전날 테레즈와 아이나가 구해준 벌레는 변신해 있던 산딸기 나라 임금님이었고, 자신을 살려준 두 아이가 곤경에 처하자 임금님이 은혜를 갚은 것이었다. 테레즈와 아이나가 무사히 집에 돌아와 보니 임금님이 보내

산딸기

준 선물, 두 자매를 위한 보석 팔찌와 로렌조에게 주는 타이 핀, 그리고 어마어마한 양의 산딸기가 두 사람을 기다리고 있다. 네 남매는 곧 겨우내 먹을 잼 만들기에 바빠진다.

여름 한철 짧은 기간 동안 볼 수 있는 산딸기는 로마 시대 플리니우스의 『박물지』에도 등장할 만큼 식용의 역사가 길며, 북유럽 신화에서는 결혼의 여신 프리카에게 바치던 귀한 과일로 묘사된다. 산미가 강한 야생 산딸기는 생으로도 먹지만 설탕 절임이나 시럽, 잼 등으로 다양하게 가공할 수 있다. 추운 날씨 탓에 채소 재배가 쉽지 않은 북유럽에서는 산딸기 외에도 블루베리, 링곤베리, 구스베리 같은 다양한 베리류로 비타민을 보충한다. 가구 전문점 이케아 푸드 코트의 미트볼에도 새콤한 링곤베리 소스가 곁들여진다.

바다를 끼고 있는 지역 특성상 생선류도 빼놓을 수 없다. 「바다 임금님의 선물」이라는 동화에는 작은 섬에 살며 청어나 연어를 잡아 팔아서 생계를 잇는 노부부가 나온다. 청어는 구워서도 먹지만 '씰sill'이라고 불리는 절임이 특히 유명하다. 소금과 식초를 넣어 짭짤하면서도 새콤한 맛이 과일 브랜디인 슈납스 혹은 맥주와 찰떡궁합이다. 강한 악취가 나는 청어 절임으

호밀빵 위에 올린 청어 절임

로 우리나라에도 비교적 잘 알려진 '수르스트뢰밍surströmming'은 의외로 마이너한 음식에 속한다. 악취의 원인은 절임 방식의 차이 때문인데, 수르스트뢰밍이 주로 생산되는 발트해 연안은 과거 암염 광산이 없어 소금이 늘 부족했다고 한다. 적은 양의 소금만 사용하는 데다 열처리도 거치지 않아 숙성 도중 할로안아에로비움Haloanaerobium이라는 균이 생기면서 발효가 이뤄진다. 특유의 냄새는 발효 과정에서 생기는 이산화탄소, 황화수소 등의 영향이다. 연어의 경우 소금과 설탕, 딜 허브에 절인 '그라블락스gravlax'가 유명하다. 스웨덴식 뷔페인 스뫼르고스보르드smorgasbord에서는 이들 생선을 귀리나 호밀로 만든 거친 흑빵에 곁들여 먹는다.

동화 속 할머니는 핀란드 전설 '칼레발라Kalevala'에 나오는 바다 임금님 아티에게 소 한 마리만 갖게 해 달라고 소원을 빈다. 유럽 다른 지역처럼 이곳 사람들도 유제품을 많이 먹는데, 핀란드 요구르트인 빌리viili는 풍부하고 진한 맛이 일품이라고 알려졌다. 또 레이페유스토leipäjuusto라는 초유 치즈에는 클라우드베리 잼을 곁들여 먹는다. 노르웨이에서는 그예토스트 gjetost 치즈가 유명한데, 염소젖과 우유에서 떠낸 크림과 유청에 열과 압

캐러멜색 그예토스트 치즈와 블루베리 설탕 절임을 얹은 토스트
사진 출처: Jul Llll on Flickr, CC BY-SA 2.0.

력을 가해 만든다. 이 과정에서 유당이 캐러멜화되면서 독특한 향과 색을 지니게 된다.

커피를 즐겨 마시는 것도 북유럽 식문화의 특징 중 하나다. 「부지깽이에 걸린 열쇠」 라는 동화는 소년 뵤른이 벽난로에 커피를 끓여 마시려다 금으로 만든 열쇠를 얻게 되면서 벌어지는 모험을 묘사하고 있다. 북유럽에서는 직접 끓이거나 내려 마시는 커피가 일반적이며 로스팅한

스웨덴의 커피 타임 문화, '피카'에 빠지지 않는 시나몬 롤

때 원두가 연한 황색을 띨 정도로만 가볍게 볶아 생두 본연의 맛을 살린다.

스웨덴에는 '피카fika'라고 불리는 커피 타임 문화가 널리 퍼져 있다. 각종 달콤한 과자와 시나몬롤을 커피와 함께 차려 놓고 지인들과 가벼운 수다를 나누는 시간이다. 스웨덴은 1일 커피 소비량이 평균 네 잔에 이르는데, 대부분 저렴한 가격에 무한 리필이 가능하다 보니 스타벅스 같은 외국 브랜드가 발을 붙이기 어렵다고 한다.

겨울철이 다가오면 북유럽 사람들은 숲을 자주 찾는다. 잼을 만들 베리류와 버섯을 채취하기 위해서다. 특히 숲에서 나는 다양한 버섯들을 건조하면 겨울 한철을 나는 데 유용한 식량이 된다. 핀란드를 배경으로 한 일본 영화 〈카모메 식당〉에는 힐링을 위해 숲을 찾았다가 버섯을 한 아름 따는 장면이 나오는데, 실제로 이곳 사람들에게 숲은 식량 제공처이자 마음의 고향이 되어주는 고마운 장소다.

주인공이 하나 가득 따오는 샛노란 버섯은 꾀꼬리버섯, 혹은 살구버섯

스웨덴식 미트볼 / 사진 출처: Marit & Toomas Hinnosaar on Flickr, CC BY 2.0.

이라고 불린다. 실제로 살구와 비슷한 새콤한 향이 나며 버터에 가볍게 소테하거나 오믈렛, 에그스크램블, 생선이나 육류 등 다양한 요리에 곁들인다. 조금 특이한 식재료로는 독버섯인 마귀곰보버섯korvasieni이 있다. 마치 복어 독을 제거하듯 세심하게 조리해야 하는 재료지만 놀랍게도 재래시장에서도 판매된다고 한다.

한편 광고를 통해 유명해진 자일리톨은 자작나무 수액으로 만든 천연 감미료를 말한다. 다만 그 역사는 길지 않아서 20세기 후반부터 추출해 썼다고 하며, 자작나무 수액을 그대로 마시기도 한다. 사우나를 할 때는 혈액순환을 돕기 위해 자작나무 가지로 몸을 툭툭 친다. 자작나무는 여러 지역에서 영험한 나무로 여겨졌는데, 토벨리우스의 동화 「자작나무와 별」에도 전쟁으로 가족과 헤어진 남매가 자작나무를 이정표 삼아 기적처럼 부모와 재회한다는 내용이 나온다. 토벨리우스는 오랫동안 주변국의 핍박을 받고 지냈던 핀란드인들의 애환을 동화로 담아낸 것으로도 유명하다.

자작나무 숲

북유럽식 감초 사탕 / 사진 출처: Marcin Floryan on Wikimedia Commons, CC BY-SA 2.5.

끝으로, 북유럽을 방문할 일이 있으면 살미아키salmiakki라는 사탕도 맛보기를 권한다. 감초의 일종인 리코리스가 들어가 마치 한약과 비슷한 맛을 내는데, 여기에 소금으로 짠맛을 더해 미묘한 풍미가 느껴진다. 호불호가 심하게 갈리지만 한번 빠져들면 중독되는 독특한 맛이다.

참고문헌

- 소년소녀 세계문학전집 중 『북유럽 동화집』, 이규직 옮김, 계몽사, 1973.
- 프랜시스 케이스, 『죽기 전에 꼭 먹어야 할 세계 음식 재료 1001』, 박누리 옮김, 마로니에북스, 2009.
- 『그랑 라루스 백과』 중 "핀란드 요리".
- 『그랑 라루스 백과』 중 "스웨덴 요리".
- "지중해식 vs 북유럽식…건강식 배틀, 당신의 선택은?", 《한겨레》, 2022. 08. 30.

달콤한 소녀 시절의 추억

루시 모드 몽고메리의 『빨강 머리 앤』과 스코틀랜드 이민자들의 음식

문학 작품을 실사 영화나 애니메이션으로 옮기는 작업에는 일장일단이 존재한다. 장점은 가독성이 떨어지거나 분량이 방대한 작품의 내용을 보다 쉽게 전달할 수 있다는 것이다. 단점이라면 사람들이 실사 작품만을 기억하고 원작의 메시지를 받아들이지 못할 가능성이 있다. 루시 모드 몽고메리의 『빨강 머리 앤』은 애니메이션화를 통해 그 장단점을 함께 보여준 예다.

프린스에드워드섬 캐번디시의 빨강 머리 앤 박물관
사진 출처: Smudge 9000 on Flickr, CC BY 2.0.

1908년 처음 발간된 이 소설은 원작보다 1979년 일본 후지TV에서 제작된 애니메이션이 아시아권에서는 더 친숙하다. 〈센과 치히로의 행방불명〉으로 유명한 거장 미야자키 하야오도 제작에 참여한 바 있다. 그런데 만화가 지나치게 유명한 탓인지 1권인 『그린 게이블즈의 앤』 이후의 내용은 모르는 독자들이 많다.

또한 원작은 성경 구절과 고전 문학을 인용하는 등 상당한 깊이가 있는 반면 애니메이션에 익숙한 이들에게는 가벼운 청소년 소설로 오해받는 경우가 대부분이다. 나중에 원작을 읽어 보면 입센의 『인형의 집』이나 샬럿 브론테의 『제인 에어』와 견줄 만큼 페미니즘적 메시지가 강하다는 것을 알게 된다.

다만 1979년작 애니메이션이 지금까지 사랑받는 데에도 이유가 있다. 앤의 상상 속에 존재했을 법한 아름다운 풍경과 살아 숨 쉬는 듯한 묘사가 책에서는 만날 수 없는 재미를 주기 때문이다. 특히 작품 곳곳에 등장하는 음식들은 실물보다 먹음직스러운, 먹방의 정수를 보여준다.

2018년 한국에도 출간된 『빨강 머리 앤 레시피북』은 몽고메리의 손녀인 케이트 맥도널드가 쓴 책이다. 현재 토론토에 거주하는 그녀는 작품 속에 등장하는 초콜릿 캐러멜을 비롯해 딸기 주스, 레이어 케이크, 각종 티푸드 등의 음식을 소개한다. 이 음식들의 뿌리는 루시 몽고메리의 조부모가 태어난 스코틀랜드에서 찾을 수 있다. 캐나다로 이주한 스코틀랜드인들은 노바스코샤주에 많이 살았으며, 이곳은 소설 속 앤이 출생한 곳이기도 하다.

유년기 앤의 성장 배경은 실제 몽고메리의 삶과 꽤 비슷한 부분이 많다. 작품의 무대가 되는 프린스에드워드섬에서 태어난 그는 생후 21개월 만에 어머니를 잃고 캐번디시에서 우체국을 경영하는 외조부모 밑에서 자랐다. 몽고메리를 길러준 할아버지와 친척들은 독실한 장로교 신자로 엄격

『빨강 머리 앤』의 배경이 된 캐나다 프린스에드워드 섬의 그린 게이블스 헤리티지 플레이스
사진 출처: Natulive Canada on Wikimedia Commons, CC BY-SA 4.0.

하고 검소한 생활 방식을 고수했다고 한다. 『빨강 머리 앤』에서 사치를 극도로 경계하고 깐깐한 성격의 마릴라는 아마도 몽고메리의 조부모와 비슷한 모습이었던 듯하다.

작품에도 나오지만 스코틀랜드계 이민자들은 영국식 차 문화를 아메리카대륙에 가져왔다. 몇몇 중요한 장면에는 티푸드가 어김없이 등장하는데, 대표적인 예가 바로 다이애나를 취하게 만든 산딸기 주스다. 원래 앤이 대접하려고 한 음료는 산딸기, 즉 라즈베리로 만든 코디얼로 우리나라의 과일청과 비슷하다. 코디얼은 냉장 시설이 발달하지 않았던 시절 각종 과일류를 저장하는 방법 중 하나였다. 진한 시럽 상태 그대로 마실 수도 있지만 물이나 소다수를 섞으면 가볍게 즐기기 좋은 음료가 된다.

차와 곁들여 먹기 좋은 음식으로는 앤이 실수로 진통제를 넣었던, 젤리를

엘더베리 코디얼과 라즈베리 코디얼

끼워 넣은 레이어드 케이크가 있다. 마릴라가 만드는 자두 푸딩이며 후반부에 등장하는 쇼트브레드도 티푸드로 좋다. 스코틀랜드의 전통 과자인 쇼트브레드는 사블레 비스킷과 비슷한 맛이 나며 버터를 듬뿍 넣어 만든다. 크리스마스나 새해에 먹는 간식으로, 원래는 귀리 가루로 만들었으나 오늘날에는 밀가루로 만든다. 1736년 스코틀랜드 최초의 요리책인 맥클린톡 부인의 『요리와 제과를 위한 레시피Recipes for Cookery and Pastry-work』에는 밀가루와 버터, 이스트를 사용한다고 나와 있다. 약간 푸석한 질감에 버터의 풍미가 인상적이다.

가장 원조에 가까운, 둥근 형태의 '페티코트 테일petticoat tails'은 캐러웨이 씨앗으로 향을 낸다. 좀 더 고급스럽게 만들려면 레몬이나 오렌지 껍질 또는 아몬드로 장식하기도 한다. 동그랗고 납작한 모양에 중앙에서 바깥을 향해 방사형으로 홈이 팬 이 과자는 홈이 난 선을 따라 삼각형으로 쉽게 쪼개어 먹을 수 있다. 이는 태양을 상징하는 모양으로, 새로운 시작을 축하하며 즐겨 먹는 이 오래된 과자의 의미를 잘 보여주고 있다.

쇼트브레드 / 사진 출처: Elumineau on Wikimedia Commons, CC BY-SA 4.0.

어린 시절의 앤은 또래의 다른 아이들처럼 달콤한 디저트류를 좋아한다. 매튜 아저씨가 읍내로 나가 사 온 초콜릿 캐러멜은 마릴라의 잔소리를 불러오지만, 다음날 다이애나와의 소꿉놀이에서 소중한 우정의 징표가 된다. 오해로 인해 소풍을 가지 못하게 된 앤은 무엇보다도 처음으로 맛볼 예정이었던 바닐라 아이스크림을 아쉬워한다. 20세기 초의 아이스크림은 소프트크림에 가까웠다고 하며 1904년 미국 세인트루이스 박람회에서 와플로 된 콘이 탄생했다는 일화는 유명하다.

그런가 하면 심통이 난 앤에게 화해를 시도하려는 길버트가 건넨 핑크색 하트 캔디도 인상적인 음식이다. 어린 시절의 앤은 사탕을 발로 밟아버리지만, 후일 길버트는 졸업 선물로 비슷한 모양의 목걸이를 선물하며 그때의 기억을 떠올리게 한다.

애니메이션으로 빨강 머리 앤을 접한 이들은 가장 기억에 남는 레시피로 브라우니를 꼽는다. 앤이 그린 게이블즈에 입양된 후 처음으로 매튜

와 마릴라에게 대접하는 음식이 바로 브라우니다. 평소에는 덜렁대는 앤이지만 브라우니를 만들 때만큼은 누구보다 진지하고 침착하다. 진한 초콜릿 반죽에 견과류가 콕콕 박힌 브라우니를 앤은 매튜 아저씨에게 권하고, 다음 날 다이애나와 함께 나눠 먹는다.

집안일을 돕는 요정 브라우니
출처: The Brownies and Other Tales

바로 이 브라우니에서도 작가의 성장 배경을 읽을 수 있다. 브라우니는 원래 스코틀랜드 전설에서 밤에 나타나 몰래 농가의 일을 도와준다는, 작고 부지런한 요정 혹은 꼬마 도깨비를 가리키는 말이다. 〈해리포터〉 시리즈의 꼬마 집 요정 '도비'의 모델도 브라우니다. 브라우니는 사람들의 눈에 띄지 않게 집이나 헛간에 살면서 밤중에 청소나 집안일을 하지만 간혹 장난을 치느라 방을 어지럽히기도 하고, 붕붕거리는 벌 떼를 조용히 시키기도 한다. 브라우니는 크림이나 빵, 우유 등을 좋아해서 브라우니와 함께 사는 인간들은 이것들을 브라우니의 몫으로 남겨두어야 했다. 대신 다른 선물은 좋아하지 않는데, 가령 브라우니에게 옷이 생기면 그것을 입고 사라져 다시는 돌아오지 않는다고 알려져 있다.

브라우니는 각 형태로 잘린 진한 초콜릿 케이크로 밀가루 분량이 보통 케이크보다 적어 퍼지나 캐러멜 같은 농후한 식감이 특징이다. 1979년에 출판된 『베티 크로커의 제빵 기본Betty Crocker's Baking Classics』에 따르면 브라우니는 메인주에서 초콜릿 케이크를 만들려다 실패해서 우연히 개발된 것이라고 한다. 실수로 베이킹파우더를 넣지 않아 부풀지 않은 케이크가 완성되었는데, 이를 맛본 사람들이 특유의 쫀득한 느낌에 의외로 호감을 나타내어 지금과 같은 브라우니 형태로 발전했다는 것이다.

한편 메인 메뉴로 등장하는 음식들은 캐나다가 영국계 이민자들이 세운 국가인 만큼 영국풍 레시피가 많다. 스테이시 선생님의 마카로니는 오늘날 영미권의 소울 푸드로 알려진 '맥 앤 치즈'를 떠올리게 한다. 맥 앤 치즈는 마치 한국의 라면처럼 자취생들이 간단하게 해 먹는 음식이라는 인상이 강하다. 그밖에 그라탱과 로스트 치킨, 샌드위치 같은 음식들이 앤 시리즈에 등장한다.

오늘날 『빨강 머리 앤』의 레시피를 재현해 보면 어린 시절 군침을 흘리던 그 맛은 아닐지도 모르겠다. 식재료가 풍부한 시대가 아니었던 만큼 현대의 기준에서는 다소 밋밋할 수도 있다. 하지만 앤의 상상력이 담긴 추억의 맛은 그 무엇과도 비교할 수 없을 달콤함을 독자들에게 남겨준다.

참고문헌

- 루시 모드 몽고메리, 『그린게이블즈 빨강머리 앤』 세트, 성수미 옮김, 계창훈 그림, 동서문화사, 2015.
- 김지현, 『생강빵과 진저브레드』, 비채, 2020.
- 케이트 맥도날드, 루시 모드 몽고메리 『빨강머리 앤 레시피북』, 박정동 옮김, 티움, 2018.
- 타카하타 이사오 감독, 애니메이션 〈빨강머리 앤〉

황량한 겨울 바다를 배경으로 한 사람 냄새 나는 이야기

메이브 빈치, 『그 겨울의 일주일』과 아일랜드 음식

"손님들은 있을 법하지 않은 조합이었다. 스웨덴에서 온 진지한 청년, 프리다라는 이름의 사서, 잉글랜드인 의사 부부, 뭐가 못마땅한지 입을 꾹 다물고 있는 넬이라는 여인, 비행기를 놓쳐서 충동적으로 오게 됐다는 미국인, 그리고 위니와 릴리언이라는 친구 사이 같지 않은 친구" 그리고 이벤트에 당첨돼 아일랜드 서부의 스톤하우스 호텔로 오게 됐지만 그 사실이 못

아일랜드 해안 지역의 풍경

내 불만인 윌 부부. “이 사람들은 다 여기 무엇을 하러 왔는가?”[3]

아일랜드의 국민 작가로 불리는 메이브 빈치의 유작 『그 겨울의 일주일』에서는 이처럼 연관성 없어 보이는 사람들의 이야기가 옴니버스 형태로 이어진다. 작품의 배경인 스톤하우스는 연중 대부분 비가 오고 바람이 거칠며 쓸쓸한 아일랜드 서부 스토니브리지의 호텔이다. 누군가에게는 무척 황량하고 우울한 풍경이겠지만, 각자 사연을 안고 온 이들의 다채로운 이야기가 이 작은 숙소에 온기를 불어넣는다.

주인공인 치키 스타는 스무 살에 한 미국인 청년과 사랑에 빠져 가족의 반대를 무릅쓰고 미국으로 떠난다. 하지만 모든 것을 걸었던 사랑은 허망하게 끝나고, 그녀는 낯선 뉴욕에서 이방인으로 살아가게 된다. 어느덧 중년이 되어 고향을 찾은 치키. 그런데 이곳에서 생각지도 않은 제안을 받게 된다.

대서양이 내려다보이는 절벽 위에 위치한 오래된 대저택 스톤하우스의 주인인 미스 퀴니가 이곳을 호텔로 바꾸자고 제안한 것이다. 치키는 “너는 이곳을 특별한 곳으로 만들 거야. 너 같은 사람들을 위한 장소로 말이지.”라는 미스 퀴니의 말에 처음에는 “저 같은 사람은 없어요. 저처럼 유별나고 사연 많은 사람은요.”라며 완곡히 거절한다. 하지만 미스 퀴니는 “그런 사람들이 얼마나 많은지 알면 놀랄걸, 치키.”[4]라며 그녀를 설득한다.

결국 치키는 제안을 받아들이고, 스토니브리지의 옛 친구와 지인들이 그녀의 사업에 힘을 보탠다. 우선 어린 시절 친구였던 눌라는 미혼모로 혼자 길러온 아들 리거를 치키에게 부탁하고, 그는 스톤하우스의 일꾼이 된

3) 메이브 빈치 저, 정희연 옮김, 『그 겨울의 일주일』 중 옮긴이의 말 「다음 손님은 당신」, 문학동네, 2018, p.620

4) 같은 책, p.43.

다. 이어 런던에서의 회사 생활에 지친 치키의 조카 올라도 고향으로 돌아온다. 예약 시스템 프로그램과 브로슈어를 만들고 SNS 홍보도 하며, 올라는 서서히 지친 마음을 회복해 간다.

호텔 직원들의 사연을 소개한 후, 소설은 한 명씩 숙소를 찾는 사람들의 이야기를 다룬다. 오랜 친구라는 위니와 릴리언이 첫 손님이다. 그런데 왠지 두 사람 사이에는 친구 같은 분위기가 느껴지지 않는데… 이들에게는 쉽게 설명할 수 있는 사연이 숨어 있었다.

인기 배우 코리는 화려한 생활에서 잠시 벗어나 '존'이라는 가명으로 스톤하우스를 찾는다. 의사 부부 헨리와 니콜라는 환자의 죽음으로 인한 트라우마를 감당하기 어려워 힐링 여행을 온다. 청년 안데르스는 아버지의 회사를 물려받기로 한 금수저지만 어머니의 부재와 사랑하는 여인과의 갈등으로 고심한다. 이벤트 1등 상품인 파리 여행과 스톤하우스를 비교하며 불평을 늘어놓는 월 부부, 마음에 울분을 안은 냉정한 은퇴 교장 넬 하우의 이야기도 이어진다. 그리고 미래를 내다보는 자신의 능력 때문에 오히

아이리시 모스 / 사진 출처: Ryan Hodnett on Wikimedia Commons, CC BY-SA 4.0.

려 괴로워하는 프리다도 스톤하우스의 손님이다. 이들은 여러 사연을 안은 채 서로 이야기를 주고받다 자신의 미래를 발견하고, 나아가야 할 길을 찾고, 사람들 속에서 감사함을 느끼며 행복에 가까워진다. 끝까지 마음의 평화를 얻지 못하는 이도 있지만 언제나 그렇듯 인생이란 여정은 각기 다른 색을 띠며 계속될 것이다.

손님을 대접하는 게스트하우스가 배경인 만큼 소설 곳곳에는 다양한 음식들이 등장한다. 호화로운 호텔 메뉴보다는 '심야 식당'을 연상시키는 소박한 메뉴가 대부분이다. 초반에 언급되는 포테이토 케이크는 감자를 반죽한 것으로 켈트인들이 핼러윈 때 즐겨 먹으며, 사과를 곁들여 달콤하게 만들기도 한다. 신기하게도 서구에서는 거의 먹지 않는다는 해초로 만든 '아이리시 모스'라는 음식도 나온다. '카라긴carraigin'이라고도 하는 이 홍조류는 대서양 해안 암석 지대에서 자라며 단백질과 무기질, 유황과 요오드가 풍부하다. 끓이면 젤리 형태가 되는데 여기에 바닐라, 코코아 가루, 레몬 껍질, 생강 등으로 맛을 내 푸딩으로 만든다.

아이리시 브렉퍼스트 / 사진 출처: Gus-DLC on Wikimedia Commons, CC BY-SA 3.0.

그밖에 아스파라거스 페이스트리, 셀러리 소금을 친 상추 잎, 정어리 구운 콩 토스트, 홀스래디시 크림 훈제 송어, 소다브레드, 구운 양고기와 고등어, 피시 앤 토마토 베이크, 각종 수프도 등장한다. 아일랜드 요리는 기본적으로 영국 요리와 레시피가 상당 부분 겹치지만 들어가는 재료에서 미묘한 차이가 있다.

잉글리시 브렉퍼스트와 비교되곤 하는 아이리시 브렉퍼스트는 베이컨과 계란, 소시지, 살짝 구운 토마토 등이 기본이다. 북아일랜드식 아침 식사이자 국민 메뉴인 얼스터 프라이는 베이컨, 소시지, 달걀 프라이, 블랙 푸딩, 토마토, 소다 팔farls(빵의 일종으로 둥근 형태에 쉽게 구부리고 자를 수 있도록 칼집이 나 있다.), 감자 팔 등으로 이루어져 있다.

해산물을 그다지 좋아하지 않는 영국인들과 달리 아일랜드인들은 해산물 선호도가 상대적으로 높다. 대구 어장은 과거부터 유명했으며 연어도 즐겨 먹는 생선이다. 최근에는 조개, 굴 등의 소비가 늘면서 조리법도 다양해졌다고 한다.

대표적인 아일랜드 요리로는 마늘과 감자를 버터밀크에 삶은 후 양배추, 케일, 양파, 파 등을 올린 콜 캐넌colcannon이 있다. 기호에 따라 사워크림을 얹어서 먹기도 한다. 또한 콜 캐넌을 한 번 끓인 다음 반죽해서 구워내는 '콜 캐넌 케이크'도 있는데, 외관이 우리나라 동그랑땡과 비슷하다. 콜 캐넌에는 사실 슬픈 역사가 깃들어 있다. 영국에 생산물을 모두 수탈당하고 남은 감자와 버터를 빼낸 버터밀크, 그리고 자투리 채소를 삶아 먹는 잡탕 느낌의 메뉴였던 것이다.

아이리시 스튜는 베이컨이나 기타 육류와 양배추를 한꺼번에 끓여 만든다. 겨울철 온 가족이 모여서 몸을 녹이는 데 그만이다. 박스티boxty라는 요리는 일종의 감자 팬케이크로 사워크림이나 파를 곁들인다.

콜 캐넌 / 사진 출처: jules on Flickr, CC BY 2.0.

아이리시 스튜 / 사진 출처: A Healthier Michigan on Flickr, CC BY-SA 2.0.

앞서 언급된 소다브레드는 아일랜드 식탁에서 없어서는 안 되는 필수품으로 꼽힌다. 사워밀크(신맛이 도는 발효 우유)나 버터밀크와 반응하여 빵을 부풀리는 작용을 하는 탄산수소나트륨(베이킹 소다)을 넣고 만든다. 초창기에는 뚜껑 덮은 주물 냄비bastible에 넣어 불 위에서 구웠다고 한다. 전통적으로 둥근 모양이며, 한가운데를 깊이 십자 모양으로 파서 '축복'을 한다. 아일랜드 요리사들은 이렇게 생긴 네 부분의 바둑판 모양을 각각 칼로 찍는데 이는 빵에 장난을 치는 요정을 내쫓는다는 의미다.

기네스 맥주

대부분의 빵이 그렇듯 소다브레드도 갓 구워 먹는 것이 가장 맛있다. 말린 과일이나 초콜릿 등을 넣어 고급스럽게 만들기도 하며 말린 과일을 넣은 것은 '스포티 도그spotty dog'라고 부른다.

주류로는 맥주와 위스키를 많이 마신다. 흑맥주 중에서는 기네스가 유명하며, 아이리시위스키는 스카치위스키, 버번위스키와 함께 세계 3대 위스키 양조법으로 손꼽힌다. 국내에도 잘 알려진 아이리시커피는 더블린공항 로비 라운지에서 고객 서비스 차원에서 추운 승객들에게 제공하던 칵테일이다. 글라스 테두리에 황설탕을 묻히고 아이리시위스키 1온스를 붓고, 글라스를 알코올램프에 데워 불이 붙으면 커피를 부어서 생크림을 씌운 후 계핏가루를 약간 뿌려준다. 베이스가 브랜디이면 로열커피가 되고, 아이리

『그 겨울의 일주일』의 작가 메이브 빈치
출처: wikipedia community on Wikimedia Commons, CC BY-SA 3.0.

시위스키 대신 베일리스를 쓰면 베일리스커피가 된다.

작가 메이브 빈치는 2012년 72세의 나이로 생을 마감했다. 당시 아일랜드 총리였던 엔다 케니는 “아일랜드의 보물이 떠났다.”라며 국민을 대표해 그녀의 죽음을 애도했고, 아일랜드는 물론 영국, 미국의 주요 언론들도 “아일랜드인들이 가장 사랑하는 작가의 죽음”이라며 애도를 표했다.

생전 인터뷰를 통해 그녀는 “나는 운이 좋았고 아직 좋은 친구와 가족이 있어 행복하다.”라는 말을 남긴 바 있다. 국내 독자들에게 메이브 빈치는 아직 낯선 이름이지만 인간에 대한 깊은 애정을 담고 있는 그녀의 작품은 삶에 지친 이들에게 따뜻한 위로를 전한다.

참고 문헌

- 메이브 빈치 공식 홈페이지
- 『그랑 라루스 요리백과』 중 “아일랜드”.
- Jp McMahon, The Irish Cookbook, Phaidon Press, 2020.
- Britannica, “Irish moss”.
- “Top 100 foods to try in Ireland”, bbcgoodfood.com

우울한 사춘기 소년의부실한 밥상 이야기

수 타운센드의 『에이드리언 몰』 시리즈와영국 음식

한때 영국 요리는 '혀에 대한 테러'라는 말로 설명될 만큼 맛없기로 그 악명이 높았다. 이런 이미지가 예전에 비해 개선된 것은 제이미 올리버, 고든 램지 같은 스타 셰프가 등장하면서부터다. 하지만 영국 요리도 과거로부터 지역별로 독특한 레시피가 발달해 왔고, 영국식 아침 식사는 그 푸짐한 양으로 오늘날까지 사랑받고 있다.

영국 요리가 혹평을 받게 된 데는 산업혁명으로 인한 급격한 사회 변화, 빅토리아 시대의 금욕적 전통 등 여러 이유가 작용했다. 특히 마거릿 대

잉글리시 브랙퍼스트 / 사진 출처: Ewan Munro on Flickr, CC BY-SA 2.0.

처가 재임하던 1980년대 신자유주의 정책은 영국의 식문화를 망가트리고 국민 건강을 악화시킨 주범으로 지목된다.

소설 『에이드리언 몰의 비밀일기』 시리즈를 쓴 작가 수 타운센드Sue Townsend는 본인의 고단했던 경험을 바탕으로 영국 경제의 어두운 시절과 부실한 식생활을 생생하게 묘사한다. 작품의 배경은 1982년, 이스트 미들랜드 레스터에 사는 소년 에이드리언 몰의 삶은 온통 비틀리고 꼬여 있다. 경제적으로 무능한 아버지에, 엄마는 옆집 아저씨와 바람이 나서 집을 나가 버린다. 그것도 모자라 깡패 같은 동급생은 매일같이 그에게 몇 푼 없는 돈을 뜯어낸다.

그러나 결코 웃을 수 없는 이 현실에도 에이드리언의 일기가 배꼽을 잡게 만드는 데는 이유가 있다. 시대와 문화권이 달라도 공감할 수 있는 사춘기만의 감성을 유머러스하게 담아냈기 때문이다. 외모에 대한 고민이며 부모와의 갈등, 이성에 막 눈뜨기 시작한 시기의 발칙한 상상 등은 누구나 한 번쯤 겪어 보았을 일들이다. 여기에 대처리즘 시대 행해졌던 수많은 반서민적 정책과 작가의 신랄한 풍자를 이해한다면 이 작품을 읽는 재미가 한층 커진다.

13과 4분의 3세를 맞은 에이드리언 몰이 새해 첫날부터 생긴 커다란 여드름에 우울해지는 장면으로 소설은 시작된다. 고주망태가 된 부모는 제대로 된 식사를 하고 싶다는 아들에게 "오렌지라도 사 먹으렴."이라며 무심히 말하고, 결국 그는 차가운 통조림이나 인스턴트 커리, 마스 초코바와 루코제이드를 달고 다니며 끼니를 때운다.

글로벌 초콜릿 브랜드인 마스Mars는 국내에서도 스니커즈, 밀키웨이 등의 제품으로 잘 알려졌는데, 마스 초콜릿 바는 누가와 캐러멜, 마시멜로 같은 충전물로 채운, 말 그대로 칼로리 폭탄이다. 에이드리언은 충치가 생기

마스 초콜릿 바

마스 초콜릿 바 튀김 / 사진 출처: Christian Cable on Flickr, CC BY 2.0.

고도 마스 초콜릿 바를 찾다가 여자 친구 판도라에게 핀잔을 듣는다. 더구나 영국에는 마스바에 밀가루 반죽을 입혀 튀겨먹는 해괴한 레시피까지 인터넷을 통해 널리 퍼져 있다.

루코제이드Lucozade는 원래 영국의 약사 윌리엄 오웬이 개발한 의료용 음료다. 과거에는 감기 환자들이 주로 마셨다고 하나 요즘은 스포츠 음료로

설탕과 카페인이 다량 함유된 스포츠 음료 '루코제이드'
사진 출처: Mosaic Marketing on Flickr, CC BY 2.0.

인식되고 있다. 다만 이 음료에는 설탕과 카페인이 다량 함유돼 있어 청소년들의 건강에 좋지 않다. 이런 식생활 때문인지 에이드리언은 고작 중학생의 나이에 의치를 하게 됐으며 그의 아버지는 한 술 더 떠 진짜 이가 하나도 없는 상태다.

없는 집 학생이 그나마 기댈 만한 구석이 학교 급식인데 설상가상 학교 급식마저도 엉망이다. 고기나 채소 등 영양가 있는 재료들이 조금씩 빠지고, 대표적 가정식인 요크셔푸딩이나 커스터드, 그레이비 등도 메뉴에서 사라진다. "시위 못하게 기운을 빼려는 모양"이라고 주인공은 투덜대는데 실제로 대처 전 총리는 집권 당시 복지와 공공부문 예산을 대폭 삭감했으며 무상 우유 급식을 폐지하면서 '우유 도둑'이라는 비아냥을 듣기도 했다.

영국의 부실한 학교 급식은 우리나라에도 〈제이미의 스쿨디너〉 라는 다큐 프로그램을 통해 알려진 바 있다. 감자튀김에 빵 정도가 고작인 학교 급식을 개혁하기 위해 제이미 올리버는 쌀과 닭고기, 채소 위주의 건강식을 도입하지만 아이들은 외면한다. 직접 교육부 장관을 만나 설득까지 했다고 하는데, 방송 직후 잠깐 급식이 개선됐을 뿐 지금도 대다수 학생들은 정크푸드로 배를 채운다고.

이 프로그램을 본 사람은 알겠지만 제이미 올리버가 만든 음식도 크림이나 치즈가 듬뿍 들어가 있어 우리 기준에서는 건강식으로 보기가 힘들다. 이런 식사까지 거부할 정도라니 한국 어린이들의 편식은 차라리 귀엽게(?) 보이는 수준이다.

한편 에이드리언이 봉사를 위해 찾아가는 독거노인 버트 역시 술과 담배를 달고 사는 반면 먹는 음식이라고는 비트 샌드위치와 인스턴트 커리 정도다. 참고로 이 비트 샌드위치는 식빵에 얇게 자른 비트 한 조각을 넣는 것이 전부인 '심플한' 레시피로 만들어진다.

부모 세대 역시 마찬가지여서, 아들이 모처럼 식빵 만들 재료를 비롯해 렌즈콩과 과일 등 몸에 좋은 음식들로 장을 봐 왔는데 아버지는 집에서 식사를 하는 대신 펍에 가서 셰퍼드 파이와 칩스 등으로 저녁을 해결한다. 영국의 대표 메뉴로 꼽히는 셰퍼드 파이shepherd's pie는 양치기들이 먹는다고 해서 이런 이름이 붙었으며 각종 채소를 넣고 볶은 양고기에 감자로 표면을 덮어서 만든다. 밀가루가 충분하지 않던 시절, 감자로 파이 반죽을 대신한 것이 이 레시피의 유래라고 한다.

셰퍼드 파이
사진 출처: jules on Flickr, CC BY 2.0.

피시 앤 칩스는 한국에서도 모르는 사람이 없을 만큼 유명하다. 칩스란 얇게 썰어 튀긴 감자칩이 아니라 우리가 '프렌치프라이'라는 이름으로 알고 있는, 기다랗게 자른 감자를 튀긴 음식을 가리킨다. 생선 튀김에는 거의 대부분 대구를 이용하는데 튀김옷이 두껍다 보니 기름을 잔뜩 흡수해 느끼한 맛이 강하다. 느끼함을 줄이기 위해서인지 영국인들은 피시 앤 칩스에 식초를 듬뿍 뿌려 먹는다. 선술집에서는 여기에 미니 양파나 오이 피클을 곁들이기도 한다.

영국에서 그나마 먹을 만한 음식을 찾자면 중국이나 인도 요리 등 외국식 메뉴가 대부분이다. 에이드리언은 종종 중국 식당에서 간단한 간식거리를 사먹거나 이웃집의 인도계 영국인 싱 씨 집에서 커리와 차파티, 단맛이 강한 밀크티 같은 음식을 얻어먹는다. 임신 중 생활고로 아들을 버리겠다고 선언한 에이드리언의 엄마가 간신히 받아낸 보조금으로 차린 저녁 식사도 사프란 향신료를 얹은 닭고기 커리다.

향신료를 듬뿍 쓴 인도식 커리는 영국에 와서 고기와 생크림이 든 스튜 같은 형태로 변형됐다. 닭고기로 만드는 치킨 티카의 경우 아예 영국 요리로 인식될 정도. 영국을 여행하는 외국인들도 음식이 입에 맞지 않을 때는

식민지인 인도의 음식이 영국 식문화를 구제해 줬다는 말이 나올 정도로,
영국에서 인도 음식점은 우리나라의 중화요릿집만큼이나 흔하게 찾아볼 수 있다.

캐드버리 크림 달걀 / 사진 출처: Evan-Amos on Wikimedia Commons, CC0 1.0.

현지의 인도 식당을 찾는 경우가 대부분이다.

식민지인 인도의 음식이 영국 식문화를 구제해 줬다는 말이 나올 정도로, 영국에서 인도 음식점은 우리나라의 중화요릿집만큼이나 흔하게 찾아볼 수 있다.

한편 소설의 후반부, 가출한 에이드리언이 부활절을 맞아 개와 함께 캐드버리 크림 달걀Cadbury Creme Egg을 나눠 먹는 대목을 보면 궁상맞게 느껴지면서도 짠한 기분이 든다. 유명 초콜릿 브랜드 캐드버리사가 생산하는 이 제품은 밀크 초콜릿 안에 크림을 넣어 달걀의 흰자와 노른자를 흉내 낸 것으로, 그 특이한 모양 덕분에 오늘날까지 사랑받는 제품이다.

한국에 번역돼 나온 시리즈는 에이드리언이 가출과 방황을 겪고 돌아와 자아를 찾아가고, 판도라와의 관계를 회복하는 데서 끝을 맺었다. 뒤늦게 그다음 내용이 책으로 나왔지만 성인이 된 이후의 이야기를 다루고 있어 성장 소설로 보기엔 모호해진 데다, 청년기를 맞은 주인공의 삶이 꽤나 우울하게 묘사돼 큰 인기를 끌지는 못했다.

작가 수 타운센드는 책 속에도 나오는 BBC 방송국의 존 타이드먼과 편지를 주고받다가 극본을 써볼 것을 제안받았고, 소설 속 에이드리언과 달리 어려움을 딛고 작가로 성공했다. 에이드리언 시리즈는 영국이 사랑하는 베스트셀러로 떠올랐으며 『해리포터』의 조앤 롤링도 본인의 인생작으로 이 소설을 꼽았다. 에이드리언 몰의 이야기가 많은 이들에게 즐거움을 준 이유는 인생이라는 '웃픈' 코미디를 위트 있게 그려낸 데 있는 듯하다.

참고문헌

- 수 타운센드, 『에이드리언 몰의 비밀일기』 1~4권, 김한결 옮김, 놀, 2014.
- 『그랑 라루스 요리백과』 중 "영국 요리".
- 〈Jamie's School Dinners〉
- "Sue Townsend obituary", The Guardian, April 11 2015.
- "Sue Townsend", britishcouncil.org
- "How globalisation created British cuisine…and ruined its reputation", The Economist, May 4 2019.

상처투성이 기사가 그려내는 희극적 여정

세르반테스의 『돈키호테』와 스페인 음식

'어린이, 청소년 필독서'라는 이름으로 세계 명작을 축약해 내놓은 작품들은 서점가에서 흔히 볼 수 있다. 우리나라 사람들에게 셰익스피어의 희곡은 찰스와 메리 램 남매가 쓴 이야기책 형태가 더 친숙하고, 그리스 로마 신화는 토머스 불 핀치 버전이나, 아예 만화로 처음 접했다는 이들이 많다.

빌헬름 마스트란드Wilhelm Marstrand, 「교차로의 돈키호테와 산초 판사Don Quixote and Sancho Panza at a crossroad」, 1847.

이런 요약본들은 방대하고 어려운 내용을 쉽게 이해할 수 있다는 장점도 있으나, 한편으로는 자칫 원작이 전하고자 하는 바를 독자가 왜곡해 받아들일 수 있다는 단점도 존재한다. 미겔 세르반테스의 『돈키호테』 역시 다양한 축약본이 존재하는 작품이지만 원전을 보면 훨씬 풍부한 함의를 읽을 수 있다. 이 작품이 오늘날까지 영화나 뮤지컬 등으로 끊임없이 재해석되는 이유도 바로 거기에 있다.

소설 『돈키호테』는 알론소 키하노라는 이름의 하층 귀족이 기사도 소설에 빠지면서 시작된다. 그는 자신을 '라만차의 돈키호테'로 칭하며 증조부로부터 물려받은 낡은 갑옷을 입고 비쩍 마른 말 로시난테에 올라 길을 나선다. 기사 소설에 나오는 '레이디'로는 마을 푸줏간 아가씨 알돈사를 낙점해 '둘시네아 델 토보소'라는 귀부인으로 둔갑시킨다.

돈키호테와 그를 따라나서는 촌부 산초 판사는 각지를 돌아다니며 다양한 사람들을 만나고, 좌충우돌 모험을 벌인다. 두 사람의 여정을 통해 우리는 소설이 쓰이던 당시의 사회상을 접할 수 있는데 그중에 음식 이야기가 의외로 상당한 분량을 차지한다. 프랑스와 맞먹을 만큼 넓은 영토에 1년 내내 뜨거운 햇살의 혜택을 받으며, 지중해와 대서양의 풍부한 어장까지 끼고 있는 스페인은 유럽의 대표적인 음식 대국으로 불린다.

작품의 초반부에 등장하는 음식은 '썩은 단지'라는 의미를 가진 오야 포드리다라는 일종의 스튜다. 이름만 들어서는 괴식 같지만 의외로 고기와 감자, 채소 등을 단지에 넣어 푹 끓인 평범한 스튜로, 돈키호테 같은 이달고(하층 귀족)와 서민들이 흔히 먹는 음식이다.

모험을 떠나기 전 그의 생활상을 묘사하는 부분에는 삶은 쇠고기를 양파 등과 버무린 샐러드 '살피콩'과 조카딸이 만들어주는 렌즈콩 요리, 주말에 먹는 일종의 오믈렛 등이 나온다. 염장 삼겹살을 달걀과 섞어서 부쳐낸 이

오믈렛 요리의 이름은 '두엘로스 이 케브란토스duelols y quesbrantos', 즉 '고뇌와 탄식'인데, 유대인들이 이교도임을 들키지 않기 위해 계율을 어기고 돼지고기를 먹은 데서 이 색다른 이름이 비롯되었다고 한다.

한편 첫 출정에 나선 돈키호테가 어느 허름한 객줏집에서 얻어먹는 저녁 식사는 바로 염장 대구다. 바칼라오라고 불리는 염장 건조 대구는 소수 민족인 바스크인들이 처음 먹기 시작했다고 한다. 스페인 뿐 아니라 포르투갈, 이탈리아 사람들도 즐겨 먹는데, 저장성이 높고 가격이 저렴해 널리 사랑받는 식재료다. 특히 신선한 생선을 구하기 어려운 내륙 지방 사람들이나 사순절 금요일에 육식을 할 수 없는 가톨릭 신자들이 많이 먹었다. 요리를 시작하기 전 여러 번 물을 갈아가며 소금기를 빼야 하기 때문에 손이 많이 가는 재료이기도 하다.

마늘이 자주 등장하는 것도 눈에 띄는 부분이다. 냄새가 강한 마늘은 유

스페인, 포르투갈, 이탈리아 사람들이 즐겨 먹는 염장 건조 대구 '바칼라오'
사진 출처: Shatabisha on Wikimedia Commons, CC BY-SA 3.0.

스페인에는 바칼라오 외에도 다양한 해산물이 풍부하다.

럽에서 하층민의 식재료로 통했다. 그러나 한편으로는 덥고 건조한 기후에 서민들이 가장 쉽게 구할 수 있는 자양 강장제이기도 했다. 스페인에는 '마부의 마늘'이라는 의미의 아호 아리에로라는 음식이 있는데 빻은 마늘에 올리브유와 로즈메리를 섞어 간단한 식사로 먹는다. 여기에 불린 바칼라오를 넣기도 하며 신대륙에서 감자가 건너온 후에는 감자 퓌레 형태로 자리 잡았다.

또 다른 마늘 요리로는 아이올리 소스가 있다. 아이올리 소스는 쉽게 말하면 마늘이 들어간 마요네즈로, 전기 블렌더가 없던 시절에는 절굿공이로 수백 번 찧어 만들었다고 한다. 지중해의 유명한 해물 스튜 부이야베스에 곁들여 먹는다. 마늘은 차게 먹는 스페인식 수프 '가스파초'에도 빠질 수 없는 재료다. 오늘날에는 토마토를 주재료로 한 가스파초가 유명하지만 토마토 사용이 보편화되기 이전에는 '아호 블랑코'라고 해서 마늘과 아몬드를 함께 넣고 갈아낸 형태가 일반적이었다.

돈키호테는 여행 중 풍찬노숙을 하며 검소한 음식만을 고집한다. 돌처럼 단단한 치즈와 견과류, 빵 등이 그가 주로 먹는 식단이다. 야생 쥐엄나무 열매를 따 먹는가 하면 때로 목동들의 천막에서 '목동의 도시락'이라고 불리는 염소 육포를 얻어먹는다. 바칼라오와 마찬가지로 짜게 염장한 염소 육포는 물에 불려서 일종의 스튜처럼 먹기도 한다. 그와 반대로 푸짐한 식사를 즐기는 산초 판사는 그런 주인에게 내심 불만이 많다.

또 식량은 아니지만 중요하게 등장하는 작물이 바로 도토리인데, 한국에서도 유명한 이베리코 돼지는 이 도토리만을 먹고 자란다. 우리나라에서도 돼지를 기를 때 도토리를 먹였다는 기록이 있으며 '도토리'라는 단어 자체가 돼지를 뜻하는 옛말 '돝'에서 나왔다. 스페인 사람들의 돼지고기 사랑은 각별해서 젖먹이 돼지를 통째로 구운 요리는 세고비야 지방의 명물 요리로 잘 알려져 있다. 가공품도 다양하게 발달했는데 돼지다리를 통째로 염장 건조한 하몽, 베이컨의 일종인 판세타를 비롯해 살치차, 살치촌, 초리조 같은 소시지 종류가 대표적이다.

다만 유제품의 경우 유럽 다른 지역에 비해 종류가 적은 편이다. 젖소를 키우기에는 다소 더운 날씨에 버터보다는 올리브유를 선호하는 식습관 탓인 것으로 추측된다. 그럼에도 『돈키호테』에는 몇 종의 치즈가 등장하는데, 돈키호테가 돌멩이로 착각하고 손에 쥔 치즈는 리코타 치즈의 일종인 '레케손'이다. 다른 치즈를 만들고 남은 유청을 굳혀 만들어서 연하고 수분이 많다. 한편 라만차 지역을 대표하는 '만체고' 치즈는 암양에게서 짠 원유로 만든다. 단단한 원통형의 만체고 표면에는 목농들이 커드를 압착할 때 사용하는 바구니 무늬가 찍혀 있다. 약간 시큼하고 짠맛이 나며, 레드와인과 잘 어울린다.

남유럽 사람들이 물처럼 마시는 와인도 자주 등장하는 소재다. 특히 스페인은 포도 재배 면적이 115만 헥타르로 세계 최대이고 와인 생산량은 34

견과류를 곁들인 만체고 치즈

억 리터로 세계 3위를 차지하고 있다. 프랑스나 이탈리아에 비해 인지도가 낮은 이유는 거의 대부분이 내수로 소비되기 때문이라고 한다. 국내에 가장 잘 알려진 종류로는 주정 강화 와인인 셰리가 있다. 고급 레드와인 산지로는 리오하와 페네데스 외에 리베라 델 두에로와 돈키호테의 배경인 라만차도 포함된다. 우리나라 사람들도 즐겨 마시는 샹그리아의 경우 비교적 저렴한 와인에 과일로 맛을 낸 것이어서 현지에서는 '관광객용 음료' 정도의 위치다.

돈키호테와 산초의 여정에는 부활절에 먹는 달콤한 과자들도 등장한다. 프렌치토스트와 비슷한 토리하스, 커다란 도넛 모양 케이크에 삶은 달걀을 넣은 모나스, 꽈배기 반죽을 꿀물에 적신 페스티뇨스, 모과잼 멤브리요, 아몬드 가루를 설탕으로 반죽한 마스팡 등이 스페인의 대표적인 디저트이다. 이처럼 단 과자류가 발달한 데에는 1492년까지 지속된 무슬림 지배의 영향도 있다. 한편 작중에서 두 사람은 무어인들로부터 목이 마르게 만든다는 캐비아와 올리브 절임 등을 대접받기도 한다.

소설에 등장하지는 않지만 라만차의 또 다른 특산품으로는 세상에서 가장 비싼 향신료라는 사프란도 있다. 사프란꽃은 한 개의 구근에서 두세 송이 정도가 피는데 단 한 개의 빨간 암술을 따서 말린 것을 향신료로 사용한다. 보통 1그램의 사프란을 얻으려면 200~500개의 암술을 말려야 하는데 약 160개 구근에서 채취할 수 있는 양이다. 게다가 이 모든 과정이 수작업으로 이뤄지기에 가격이 그처럼 비싼 것이다. 사프란은 따뜻한 물에 불려서 파에야나 리소토 같은 요리에 사용하며, 부인병과 우울증 등에 효과가 있다고 한다.

『돈키호테』의 결말은 비극이다. '하얀 달의 기사'로 분장한 삼손 카라스코에게 패한 돈키호테는 모험을 끝내고 집으로 돌아와 꿈을 잃어버린 채

사프란으로 노란빛을 낸 파에야

세상을 등진다. 라만차의 기사가 품었던 원대한 이상은 차가운 현실의 벽 앞에 허무하게 무너진다. 죽어가는 그가 처음으로 정상적인 언행을 보이는 장면은 상당히 의미심장하다. 세르반테스가 그려낸 한 늙은 기사의 기행은 한계를 가진 인간에 대한 무한한 연민을 담은 것으로 해석할 수 있다.

참고문헌

- 미구엘 드 세르반테스, 『돈키호테: 재치 있는 시골귀족 돈키호테 데 라만차』, 박철 옮김, 시공사, 2015.
- 천운영, 『돈키호테의 식탁』, arte, 2021.
- 프랜시스 케이스 편저, 『죽기 전에 꼭 먹어야 할 세계 음식 재료 1001』, 박누리 옮김, 마로니에북스, 2009.
- 문정훈, 『진짜 스페인은 시골에 있다』, 상상출판, 2021.
- 『그랑 라루스 요리백과』 중 "스페인".

신기루 같은 하룻밤의 만찬

귀스타브 플로베르의 『보바리 부인』과 프랑스 오트 퀴진

"전 재벌 2세가 꿈인데 아빠가 노력을 너무 안 해요."

어느 초등학생이 썼다는 이 인터넷 글은 한편으로는 우습지만, 다른 한편으로는 우리 사회에서 계층 구조가 그만큼 공고화되고 있다는 메시지로도 해석되어 씁쓸하다. 무엇보다 사람들이 꿈꾸는 '상류사회'라는 곳이 본인의 노력보다는 태어난 신분이나 재력 같은 선천적 요소에 따라 결정된다는 현실을 이 짧은 글은 대변해 주는 것 같다.

이처럼 바꿀 수 없는 선천적 환경 때문에 좌절감을 맛보고, 눈앞의 행복을 보지 못한 채 환상 속에 사는 이들 중에서는 아무래도 여성이 압도적으로 많다. 여성들이 남성 못지않게 능력을 발휘하는 '알파 걸'의 시대가 왔다고 하지만 아직도 대다수의 여성들은 학업과 취업 등 사회 각 분야에서 약자에 머물고 있으며, 외모나 매력을 내세워 신데렐라 같은 신분 상승을 꿈꾸는 이들도 여전히 존재한다.

하물며 투표권도 주어지지 않고 마음대로 사회 활동을 할 수 없었던 시절의 여성들은 어땠을까. 플로베르의 소설 『보바리 부인』은 미모와 자존감을 지니고도 주어진 현실을 벗어날 수 없어 꿈속에 살다, 결국 스스로 파멸하고 마는 한 여성의 비극을 그린 사실주의 소설이다.

부유한 농부의 딸인 여주인공 엠마는 시골 출신이기는 하지만 빼어난 용모에 수녀원 학교에 다니면서 쌓은 교양까지 갖춘 여성이다. 그녀는 자신의 아버지를 진찰하러 온 의사 샤를의 구애에 설렘을 느끼고, 그의 나이 많은 아내가 급사하자 결혼식을 올린다.

결혼에 대한 로맨틱한 환상을 갖고 있던 엠마는 한밤중에 횃불을 켜 놓고 결혼식을 올리고 싶어 했으나, 아버지는 그런 딸을 이해하지 못했고 결국 술꾼들이 시끌벅적 떠드는 요란한 잔치가 며칠이고 계속된다.

짐수레 헛간에 준비된 식탁에는 소 등심, 병아리 프리카세fricassée, 송아지 스튜, 양 허벅다리 고기, 통돼지구이, 미나리를 곁들인 소시지(필자가 읽은 번역본에는 '순대'라고 되어 있는데 '부댕boudin'이라는 이름의 선지가 들어간 블랙 푸딩일 가능성도 있다) 등 죄다 고기 요리다. 여기에 통에 넣은 브랜디와 애플 시드르cidre, 와인 등이 반주로 곁들어진다.

루이 이카르Louis Icart, 「보바리 부인Madame Bovary」, 1929.

이 부분에서 우리는 소설의 배경이 프랑스 북부의 노르망디 지역임을 짐작할 수 있다. 실제로 자주 등장하는 루앙Rouen이란 지명은 노르망디의 중심지로 발달해 온 도시이며 엠마의 건강 때문에 남편 샤를이 이사한 곳도

노르망디식 홍합과 감자튀김 / 사진 출처: Archangel12 on Wikimedia Commons, CC BY 2.0.

다양한 종류의 애플 시드르

루앙 인근의 용빌Yonville이란 작은 마을이다. 플로베르가 작품의 모티브로 삼은 '들로네 사건' 역시 작품 속 배경과 가까운 '리Ry'라는 지역에서 한 시골 의사의 아내가 자살한 실제 사건을 말한다.

대체로 프랑스 요리, 하면 화려한 메뉴를 떠올리지만 어느 나라나 그렇듯 현지의 서민들이 먹는 음식은 소박하기 그지없다. 특히 그중에서도 노르망디 향토 요리는 비교적 조리법이 단순하고 기교가 적은 편이다. 잔치 장면에 나오는 '프리카세'란 고기와 각종 야채를 넣어 끓인 크림 스튜이며 애플 시드르는 사과를 발효시킨, 도수가 가벼운 술을 가리킨다. 시드르를 영어식으로 발음하면 '사이다'가 되는데, 한국에서 판매되는 무색투명하고 달콤한 탄산음료와는 진혀 다른 종류다. 사과가 많이 생산되는 노르망디에서는 애플 시드르를 음료로 즐기는 동시에 다양한 요리에 활용하는데, 노르망디 특산 브랜디 '칼바도스calvados'는 이 시드르를 증류해 만든 것이다.

그리고 "노란 크림을 쌓아 올린 큰 접시는 식탁의 움직임에 따라 흔들리고, 그 위에는 신랑 신부의 머리글자가 당초무늬로 새겨져 있었다."[5]는 대목도 나오는데, 이 '노란 크림'의 정체는 바로 프랑스식 웨딩 케이크 크로캉부슈croque-en-bouche다.

크로캉부슈는 슈크림을 탑처럼 수십 개 쌓아 올려 여러 가지 모양을 만든 후 실처럼 가늘게 뽑은 설탕 시럽으로 장식한 과자다. 일반적인 웨딩 케이크와는 달리 하객들이 하나씩 나눠 먹을 수 있는 이 과자의 원조는 현대 프랑스 디저트의 아버지로 불리는 앙투안 카렘Marie-Antoine Carême으로 알려졌다. 참고로 설탕 시럽 장식은 숙련된 전문가가 아니면 해내기 어려우니, 바로 뒤 문장의 "투르트와 누가를 만들기 위해 이브토에서 일부러 기술자를 데려왔다."는 대목과 자연스럽게 연결된다. 기술자는 식후에 고성과 큐

5) 귀스타브 플로베르, 『보바리 부인』, 민희식 옮김, 문예출판사, 2007, p.41.

크로캉부슈 / 사진 출처: Eric Baker on Wikimedia Commons, CC BY-SA 3.0.

피드 등을 소재로 한, 화려하지만 왠지 촌스러울 듯도 한 과자를 날라 온다.

한편 엠마의 결혼식과 가장 대비를 이루는 이 작품의 '먹방'으로는 샤를 부부가 초대를 받아 방문한 어느 후작 집의 저녁 만찬이 있다. 남편 샤를의 환자였던 후작은 시골 여자답지 않게 우아한 엠마의 모습에 이끌려 두 사람을 무도회의 손님으로 부른다. 이날의 파티는 상류사회를 동경하며 결혼생활에 권태를 느끼던 엠마에게 그야말로 '제대로' 바람을 넣은 사건이라고 할 수 있겠다. 저녁 식사를 위해 홀에 들어선 엠마는 "고기와 송로, 테이블

클로스의 향기" 등이 뒤섞인 따뜻한 공기에 휩싸인다.

부유하지만 평범한 시골 농부의 딸인 그녀에게 후작 집의 저녁 식사는 말 그대로 신세계를 보여준다. 바닷가재와 깃털이 달린 메추라기, 생전 처음 구경하는 석류와 파인애플 등 낯선 음식들은 엠마의 마음을 사로잡고, 그녀는 얼음에 차갑게 식힌 샴페인의 맛처럼 강렬한 문화 충격을 경험한다.

프랑스에서 '오마르homard'라는 이름으로 불리는 바닷가재는 지금도 레스토랑의 고급 메뉴로 대접받는다. 그런데 유럽과 달리 미국에서는 바닷가재가 한때 천대받은 역사가 있다. 17세기 영국 이주민들이 정착한 미국 동부 해안은 바닷가재가 서식하기에 최적의 조건을 가진 곳이다. 바닷가재는 해안가에 떠밀려 올 정도로 흔했고, 가난한 이민자들과 노역하는 죄수들이 단백질을 보충할 수 있는 가장 저렴한 수단이었다. 그러나 이들에게는 고급 식재료인 바닷가재의 존재 자체가 낯설었던 데다, 지천으로 널려 있으니 희소성도 크게 떨어졌다. 제대로 된 조리법마저 알려져 있지 않아 이민자와

오마르 테르미도르 / 사진 출처: thefoodplace.co.kr on Wikimedia Commons, CC BY 2.0.

죄수들은 간단하게 끓는 물에 삶아 먹었다고 한다. 미국의 바닷가재가 다시 귀한 몸이 된 것은 철도 수송으로 수요가 크게 늘고 다양한 레시피가 알려지면서부터다. 국내에도 잘 알려진 '테르미도르thermidor'라는 바닷가재 요리는 가재 머리로 낸 육수에 화이트 와인과 생크림 등을 섞어 소스를 만들고, 그 소스를 치즈와 함께 가재 위에 얹어 구워낸다.

메추라기는 고기보다 알로 우리에게 친숙한 새이다. 메추라기 고기가 대중적이지 못한 이유는 크기가 작고 살이 얼마 되지 않기 때문인데, 풍미와 식감 면에서는 오히려 닭고기보다 낫다는 이들도 많다. 한국에서는 영등포 시장 등지에 가면 연탄불에 구운 메추라기 고기를 맛볼 수 있는데, 바삭한 껍질 아래 쥬시한 육즙이 식욕을 돋운다. 닭고기에 비해 야취野臭가 강한 이 새는 허브와 마늘을 곁들이거나 유산지로 싸서 굽기도 하며, 레드와인에 바짝 조리는 방법도 있다.

식사 후 열린 무도회에서도 호화로운 음식의 향연은 이어진다. 춤을 추던 엠마는 마라스카marasca 주를 넣은 아이스크림을 입에 떠 넣으며 황홀한 상상에 젖는데, 이 술은 리큐어의 일종으로, 무색 투명한 체리 브랜디를 말한다. 맛이 달콤한 리큐어는 주로 귀부인들이 즐겨 마셨으며 각종 과자나 디저트 재료로도 많이 쓰였다. 그 밖에도 새우와 아몬드 즙이 섞인 수프, 트라팔가의 푸딩, 온갖 냉육 등이 밤참으로 제공된다.

생전 처음으로 아름다운 세계를 접한 엠마의 마음은 무도회가 끝난 그 순간부터 붕 뜨기 시작했다. 마치 마법이 풀린 신데렐라처럼, 엠마는 집에 오자마자 하녀에게 짜증을 내고 "역시 집 밥이 맛있다."는 남편을 속으로 한심하게 여긴다. 몽상에 빠진 그녀의 행동은 점점 엉뚱한 방향으로 변해 아무것도 아닌 요리에 특별한 이름을 붙이는가 하면 사치스러운 물건들을 사들인다. 그저 엠마가 아프다고만 생각한 샤를은 용빌로 이사를 감행하

프랑스 오트 퀴진의 예

고, 그곳에서 그녀는 만나지 말았어야 할 남성과 사랑에 빠진다.

작품 속에 묘사되는 음식 중에는 오늘날 프랑스에서도 고급 레스토랑에 가야 맛볼 수 있는 것이 많다. 특히 송로버섯은 전직 대통령의 만찬에 등장하면서 뜻하지 않게 유명세를 치르기도 했다. 그러나 최근 들어서는 이런 프랑스 요리의 이미지에 지나치게 거품이 끼었다는 주장이 제기되기도 한다. '누벨 퀴진Nouvelle Cuisine'[6] 같은 새로운 음식 트렌드가 생겨난 것도 보다 가볍게 즐길 수 있는 요리에 대한 요구가 반영된 것이라 볼 수 있다. 격식보다 실속을 중시하는 누벨 퀴진이라는 개념은 기존의 프랑스 요리에 붙은 프리미엄을 어느 정도 덜어내는 역할을 했다.

엠마가 그토록 손에 넣고 싶어 했던 화려하고 낭만적인 삶도 결국은 시

6) 1972년 두 명의 미식 평론가 앙리 고Henri Gault와 크리스티앙 미요Christian Millau가 주창한 새로운 요리 개념

대와 함께 사라져갈 허상이 아니었을까 하는 생각이 든다. 그 허상에 매달리다 파국을 맞는 과정을 사실주의 문학의 대가 플로베르는 '잔인할 정도로' 냉정하게 묘사한다. 하지만 그가 사망하기 직전, "내가 곧 보바리였다." 라고 말했다는 일화는 꿈을 꾸는 것 밖에 탈출구가 없었을 한 여성에 대한 연민을 짐작하게 한다.

참고 문헌

- 귀스타브 플로베르, 『보바리 부인』, 민희식 옮김, 문예출판사, 2007.
- 민혜련, 『프랑스 음식문화』, 살림, 2012.
- 윤덕노, 『음식 잡학 사전』, 북로드, 2012.
- 우문호 외 5, 『글로벌시대의 음식과 문화』, "프랑스", 학문사, 2006.
- 『그랑 라루스 요리백과』 중 "누벨 퀴진".
- 교보문고 저자 사전, "귀스타브 플로베르"
- "바닷가재 대신 빵을 달라?…바닷가재의 변신", 〈연합뉴스TV〉, 2013. 10.29.

말썽꾸러기 악동들과 달콤한 디저트

르네 고시니가 쓰고 장 자크 상페가 그린 『꼬마 니콜라』와 프랑스 디저트

어린이 만화에는 장난꾸러기 악동 캐릭터가 거의 빠지지 않고 나온다. 대한민국에 둘리 일당이 있다면 일본에는 짱구가 있고, 미국에서는 바트 심슨이 '국민 악동'으로 불린다. 이 악동들은 어른들의 시선에 의해 미화되지 않은, 아이들 본연의 모습을 담고 있다. 온갖 민폐를 끼치고 부모님이 뒷목을 잡게 만드는 악동들을 마냥 미워할 수만은 없는 것은 이 때문일 것이다.

한편 프랑스에도 둘리, 짱구에 비견할 만한 악동이 등장하는 만화가 있다. 바로 르네 고시니 원작 『꼬마 니콜라』다. 고시니는 1926년 8월 14일 파리에서 태어났고, 50년대에 장 자크 상페와 함께 꼬마 니콜라 시리즈 연재를 시작한다. 이 작품은 국민적인 인기를 끌었으며, '꼬마 니콜라'는 니콜라 사르코지 전 대통령의 별명이 되기도 했다.

주인공인 니콜라는 평범한 엄마 아빠와 함께 사는 외동아들이다. 축구와 카우보이를 좋아하고 여자아이들은 시시하다고 여기는 전형적인 어린 사내아이의 모습을 보여준다. 니콜라와 그의 친구들은 요즘 식으로 표현하면 말 그대로 '개초딩'들이다. 장난치고, 놀고, 싸우는 일상이 이야기의 전부지만 어쩐지 선생님들이 줄줄이 병가를 내고 학부모들이 몸싸움을 하는 등 벌이는 사고의 규모가 심상치 않다.

니콜라 외에도 니콜라의 가장 친한 친구이면서 빵과 간식을 달고 다니는 알세스트, 거만한 부잣집 아들 조프루아, 아이들에게 미움받는 모범생

간식을 달고 다니는 알세스트와 꼬마 니콜라 / 이미지 출처: ActuaLitté on Flickr, CC BY-SA 2.0.
2014년 파리 4구 구청에서 열린 전시 "꼬마 니콜라의 방학Les vacances du Petit Nicolas"에서 촬영.

2009년 『꼬마 니콜라』 탄생 50주년을 기념해 파리 시청에서 열린 무료 전시 취재 영상. 전시장으로 향하는 장 자크 상페와 르네 고시니의 딸이 인터뷰하는 모습, 영화 〈꼬마 니콜라〉 주연 배우의 모습을 볼 수 있다. / 이미지 출처: https://www.youtube.com/watch?v=4YOOczzY9dY

아냥 등 다양한 캐릭터가 등장한다. 그밖에 학교 짱, 만년 꼴찌 등 학창 시절 한 번쯤은 만나보았을 캐릭터들이 아련한 추억을 떠오르게 만든다.

통제 불능인 아이들 덕분에 학교에서는 사고가 끊이지 않는다. 라디오 방송팀이 찾아와 학생들을 인터뷰하려 했으나 계속되는 소동 끝에 예정됐던 방송은 취소되고, 동상 제막식을 앞둔 행진 예행 연습도 난장판으로 끝난다. 결국 교육부 장관이 방문하는 자리에서 위기가 닥치자 교장 선생님은 이 악동들을 세탁실에 가두는 극약 처방을 내린다. 그밖에 건강 검진을 온 의사 선생님, 여름방학 캠프 인솔 선생님마저도 니콜라를 비롯한 '개초딩'들의 말썽에 두 손을 들고 만다.

이 작품을 좀 더 깊이 이해하고 싶다면 당시 프랑스의 교육 환경에 대해 알아두는 것이 좋다. 2차 세계대전의 폐허에서 유럽 각국은 조금씩 안정을 찾아가는 시기였고, 상대적으로 보수적인 교육관이 대세였다. 오늘날 사라진 국민의례나 단체 행사가 등장하는 것을 보면 이러한 분위기를 짐작할 수 있다. 엄격한 훈육 묘사에서는 권위주의 시대 우리나라 학교의 분위기가 느껴지기도 한다.

『꼬마 니콜라』에는 엄마가 해주는 맛있는 간식 이야기가 자주 나온다. 엄마는 기분이 좋으면 초콜릿이나 케이크를 만들어주고, 외할머니 댁에 가면 크레프와 타르트를 얻어먹는다. 문화권을 막론하고 아이들은 단것을 좋아하는데, 엄마가 해주는 간식은 매일매일의 행복 중 하나다. 참고로 프랑스 어린이들이 가장 두려워하는 말이 "너 그러면 디저트 안준다."라고.

먹을 것과 관련된 에피소드에는 주로 먹보 알세스트가 주인공으로 등장한다. 교실에서 매일 크루아상이나 브리오슈를 먹는 통에 알세스트의 손은 항상 버터로 미끈거린다. 이 때문에 니콜라는 알세스트와 손잡는 걸 질색하지만 미술관에 가는 날은 드물게 알세스트의 손이 깨끗했는데, 이날 가져온 간식은 바로 사브레 비스킷이었다.

알세스트는 식탐 때문에 엄청난 일을 저지른 적도 있다. 학생 주임인 부이용(뒤봉) 선생님이 알세스트가 떨어트린 잼 바른 빵을 구두로 밟자 육두문자를 섞어가며 욕을 퍼부었던 것. 교장 선생님은 그 자리에서 알세스트를 퇴학시키지만, 다행히 부모님이 정중히 사과하면서 다시 학교에 나올 수 있게 된다. 부이용 선생님과도 그럭저럭 화해를 하는가… 했는데 방심하는 순간 선생님은 알세스트가 들고 있던 과자를 실수로 또다시 떨어뜨린다.

프랑스의 파티시에 알랭 뒤카스는 『꼬마 니콜라』에 등장하는 각종 간식을 소재로 『디저트를 만드는 아이』라는 책을 출간하기도 했다. 원작 삽화를 그렸던 장 자크 상페의 그림이 들어가 마치 니콜라 시리즈의 외전 같은 느낌을 주기도 하는 책이다. 그는 서문에서 "나는 식탐 때문에 요리사가 됐다."며 꼬마 니콜라에 푹 빠졌던 자신의 어린 시절에 대해 언급한다.

그의 고향인 랑드 지방의 농촌에는 과자류에 쓰이는 달걀, 우유, 버터, 과일 등이 풍부했다고 한다. 그 역시 대부분의 아이들처럼 초콜릿을 특히 좋아했는데 핫초코와 초콜릿 바른 빵을 가장 즐겨 먹었다고. 주머니 안에는 항상 캐러멜 같은 주전부리가 있었다.

버터나 잼을 바른 빵을 뜻하는 타르틴은 프랑스 가정에서 흔히 먹는 간식으로 아이들이 특히 좋아한다. 얇은 반죽을 구워낸 크레프는 길거리 음식으로 유명하다. 한때 홍대, 명동 등에서 많이 팔리던 크레프에는 생크림과 각종 토핑이 듬뿍 들어 있지만 본고장인 파리에서 먹는 크레프는 의외로 심플하다. 얇게 썬 과일이나 버터, 설탕 등이 주로 쓰이며 누텔라도 인기 있는 토핑이다. 햄과 치즈, 달걀 프라이가 들어가 한 끼 식사가 되는 크레프도 있다.

조금 더 고급스러운 간식으로는 길쭉한 슈크림 빵인 에클레르를 꼽을 수 있다. 프랑스어 단어 에클레르éclair에는 '번개'라는 의미가 있는데, '너무 맛있어서 옆 사람이 보기 전에 잽싸게 먹어야 한다'는 뜻에서 붙은 이

크레프는 전문 식당도 있지만 길거리 간식으로도 인기가 좋다.
사진 출처: Gary Bembridge on Flickr, CC BY 2.0.

심플하게 누텔라만 발라 만드는 크레프 / 사진 출처: Mark Guim on Flickr, CC BY 2.0.

름이라는 유래가 전해진다. 슈를 링 모양으로 두른 뒤 구워서 반으로 자른 다음, 모카 크림, 프랄린 크림 등을 샌드한 것은 '파리 브레스트'라고 부른다. 수녀의 모습을 본뜬 '를리지외즈', 수많은 슈크림을 쌓아올린 프랑스식 웨딩 케이크 '크로캉부슈' 등도 슈 기반 과자들이다.

커피나 차에 곁들이는 작은 과자는 '프티 푸르'로 분류된다. 프티petit는 작은, 푸르four는 오븐을 뜻한다. 과거 가스나 전기 오븐이 보급되기 전에는 석탄으로 불을 지피는 벽돌 오븐을 사용했다. 이 오븐은 불을 피우기는 어려웠으나 매우 뜨겁게 달궈졌으며 자동 연소 장치가 없어 잔열이 오랫동안 남았다. 요리사들은 메인 요리나 커다란 케이크를 구운 후 남는 열을 알뜰하게 활용하기 위해 작은 케이크나 쿠키를 구웠다고 한다.

유명한 프티 푸르 중에는 우리나라에서 특히 사랑받는 마카롱과 최근 카페에서 심심찮게 눈에 띄는 마들렌이 있다. 우리가 아는 샌드위치형의 마카롱은 19세기 '라 뒤레'라는 과자점에서 처음 만들었다. 조개 모양을 한 마들렌은 프루스트의 『잃어버린 시간을 찾아서』를 통해 유명해졌으며 드라마 〈내 이름은 김삼순〉에서 '섹시 쿠키'라는 별명으로 등장하기도 했다.

마카롱과 레시피가 비슷하지만 보다 폭신한 식감의 다쿠아즈, 네모난 금괴 모양의 과자 피낭시에financier는 달걀 흰자만을 사용한다는 공통점이 있다. 조리 과정 중 남아도는 흰자를 처리하기 위해 만들어낸 것으로 추측된다. 피낭시에는 영어의 '파이낸셜financial'과 같은 단어인데 프랑스에서 새해 첫 주식 시장이 열리는 날 선물로 주고 받는다.

명절에 먹는 디저트로는 갈레트 데 루아와 뷔슈 드 노엘이 있다. 갈레트 데 루아는 아몬드 크림이 들어간 페이스트리 파이지를 오븐에 구워 만든 과자다. 각종 과일 잼을 넣거나 크림과 초콜릿으로 속을 채우기도 한다. 동방박사의 방문을 기념하는 주현절에 먹는 이 과자에는 '페브'라는 인형을

갈레트 데 루아 / 사진 출처: Steph Gray on Flickr, CC BY-SA 2.0.

뷔슈 드 노엘 / 사진 출처: Amy Ross on Flickr, CC BY-ND 2.0.

넣어 굽고, 나눠 먹을 때 이 인형을 발견하는 사람을 그날의 왕으로 뽑아 왕관을 씌워준다.

뷔슈 드 노엘은 크리스마스 이브에 장작을 가져와 불을 피운 데서 유래한 케이크다. 스펀지케이크에 크림을 넣고 말아 롤케이크로 만든 후 크림이나 초콜릿을 씌우고 통나무 모양을 낸다. 오늘날과 같은 케이크는 1879년 프랑스 샤라부Charabout 제과점이 최초로 만든 것으로 알려졌다.

영화 〈아멜리에〉에 장하는 '크렘 브륄레'는 푸딩의 일종으로 설탕을 뿌리고 표면을 토치로 그을려 낸다. 먹을 때 딱딱한 설탕 옷을 톡톡 깨는 재미가 있다. 빙과류로는 우유를 사용한 '글라스'와 과즙을 얼린 '소르베'가 있으며, 소르베는 식사 중간에 입가심으로도 먹는다.

크렘 브륄레
사진 출처: Alpha on Flickr, CC BY-SA 2.0

입맛을 돋우는 전채, 메인 식사, 치즈, 달콤한 디저트는 프랑스 식단의 기본이다. 즉, 디저트로 먹는 과자는 단순한 주전부리가 아니라 한 끼 식사를 마무리하는 마침표인 것이다. 미식의 나라 프랑스 어린이들이 디저트에 진심인 이유도 이런 식사 문화에서 비롯된 듯하다.

참고 문헌

- 르네 고시니 글, 장 자크 상페 그림 『꼬마 니콜라』 시리즈, 문학동네, 2000.
- 알랭 뒤카스, 『디저트를 만드는 아이』, 장자크 상페 그림, 이원희 옮김, 열린책들, 2020.
- 도쿄 르 코르동 블루 『프랑스 과자의 기초』, 쿠켄, 2010.
- "25 Classic French Desserts", www.delish.com

검소하지만 실속 있는 서민의 식탁

독일 민담과 근대의 식생활

1880년 독일에서 출간된 『그림 동화』 / 사진 출처: Enchanted Booklet on Flickr, CC BY-SA 2.0.

로스트 포크와 감자 요리

독일 음식이라고 하면 대부분의 사람들이 맥주와 소시지 정도를 떠올릴 것이다. 또한 화려한 프랑스 요리에 비해 종류가 적고 단출하다는 것이 전반적인 인상이다. 실제로 『먼나라 이웃나라』의 저자 이원복 교수는 독일 음식에 대해 "감자와 돼지고기를 인간이 상상할 수 있는 모든 방법으로 요리해 먹는다."고 언급한 적이 있다. 아무래도 날씨가 춥고 땅이 척박한 지역인 만큼 신선한 식재료를 구하는 일이 쉽지 않았을 것이다.

중세 이후 종교 개혁이 일어나면서 검약이 강조되고, 사치를 금기시하는 문화도 오늘날 독일 음식에 영향을 미쳤다. 다만 이곳 사람들은 소량이라도 매 끼를 반드시 챙겨야 한다는 인식이 강하며 저녁 시간이면 온 가족이 모여 푸짐한 식사를 즐긴다.

어느 지역이든 그곳에서 전해져 내려오는 민담이나 문학 작품을 보면 음식 문화에 대한 단서를 조금씩 찾을 수 있다. 독일의 옛이야기를 엮은 『그림 동화』에도 음식 이야기가 심심치 않게 등장한다. 아마도 그 대표적인 예는 「헨젤과 그레텔」의 과자로 만든 집일 것이다.

1812년 출간된 이 민담집의 원제는 『그림 형제에 의해 수집된 아이들과 가정의 민화』다. 그림 형제는 마르부르크대학교에서 만난 루트비히 아힘 폰 아르님Ludwig Achim von Arnim 등의 영향으로 옛 이야기에 대한 관심을 갖게 되었다고 한다. 두 형제가 독일 각 지역의 특색 있는 민담을 수집하면서 '그림 동화'의 기틀이 만들어졌다.

다만 이들의 목적은 단순히 민화를 학문적 연구를 위해 수집하는 데 그치지 않았다. 그림 형제는 민화들이 민중의 생활상을 가감 없이 담아낸 일종의 문화유산이라고 생각했다. 또 민화는 대부분 입에서 입으로 전해지다 보니 그 내용이 뒤죽박죽인 경우가 많은데, 두 사람은 이를 알기 쉽게 표준화하고자 했다. 방대한 양의 동화를 어린이를 포함한 많은 독자들에게 읽히는 것도 중요한 숙제였다. 저속하거나 자극적인 내용을 삭제하고 교훈을 심는 작업은 이 때문에 이뤄졌다.

그림 동화를 아름다운 옛이야기로만 읽었다가 성인이 되어 원래 내용을 알고 동심 파괴를 경험했다는 이들이 적지 않다. 잔혹 동화 버전의 재해석도 책이나 미디어를 통해 자주 나오고 있다. 특히 가난한 민중의 이야기를 담고 있는 만큼 그림 동화에는 유독 '굶주림'에 대한 내용이 자주 등장한다. 「헨젤과 그레텔」만 하더라도 굶주림에 시달리던 부모가 두 아이를 숲속에 유기하는 범죄를 저지른다. 길을 잃은 헨젤과 그레텔은 빵과 과자로 된 집을 발견하고 기뻐하지만 그 집은 아이들을 잡아먹는 마녀의 함정이었다.

그림책이나 애니메이션을 보면 동화 속 과자집은 대부분 크림이나 아이싱으로 장식된 생강빵, 진저브레드로 만들어져 있다. 유럽인들은 겨울이 가까워지면 감기를 예방하기 위해 빵에 생강을 넣었는데, 우리가 알고 있는 쿠키 형태부터 케이크처럼 부드러운 것 등 종류는 다양하다. 독일식 생강

뉘른베르크의 크리스마스 마켓에서 판매 중인 독일식 생강빵 '렙쿠헨'
이미지 출처: charley1965 on Flickr, CC BY-SA 2.0.

맥주 안주로 널리 사랑받는 프레첼. 독일식 명칭은 브레첼Brezel이다.

빵인 렙쿠헨lebkuchen은 설탕이나 당밀 대신 꿀을 이용하므로 단맛이 좀 더 강하다고 한다. 다양한 형태의 진저브레드는 크리스마스 장식으로 많이 쓰인다.

또 다른 동화 「라푼젤」에는 임신한 아내를 위해 마녀의 상추를 훔쳐 가는 남자의 이야기가 나온다. 번역본에서는 대부분 상추 혹은 양상추로 표기되지만 라푼젤이라는 채소는 사실 약초로도 쓰이는 '마타리'의 일종이다. 임산부가 먹으면 좋은 음식으로 알려져 있는데, 달리 생각해 보면 라푼젤의 어머니는 아이를 가지고도 영양가 있는 음식을 제대로 챙겨 먹기 힘들었다는 의미로도 해석이 가능하다.

욕심쟁이 어부의 아내와 넙치 이야기도 역시 가난과 굶주림을 다룬다. 낚시를 하던 어부는 넙치 한 마리를 낚는다. 그런데 넙치가 자신을 죽이지 말고 놓아달라고 애원하자 어부는 넙치를 놔주고 집으로 돌아와 아내에게 그 이야기를 들려준다. 아내는 넙치를 구했으니 넙치에게 아담한 집을 갖고 싶다는 요구 사항을 말하라고 한다. 하지만 집을 가지면 만족할 줄 알았던 아내는 성을 갖고 싶다거나 하녀를 거느리고 싶다는 등 더 큰 욕심을 부리고, 결국 넙치는 먼저 주었던 선물마저 거둬 가 버린다.

『양철북』이라는 작품으로 유명한 작가 귄터 그라스는 이 이야기에서 모티브를 얻어 『넙치』라는 소설을 쓴 적이 있다. 가난한 어부의 아내 때문에 여자를 혐오하게 된 넙치가 어느 원시인에게 잡힌 후 모계 사회를 없애고 남권 중심 사회를 만들었으나, 제2차 세계대전으로 남권 중심 사회의 한계를 본 넙치가 이번에는 여권 중심 사회를 재건한다는 철학 소설이다.

지나친 욕심이 화를 부르는 이야기는 요한 페터 헤벨이 쓴 『세 가지 소원』이라는 동화에도 나온다. 한 부부에게 산의 요정이 찾아와 세 가지 소원을 들어주겠다고 말한다. 부부는 며칠이나 어떤 소원을 빌까 고민하는

감자를 곁들인 소시지 / 사진 출처: Wyteoh2000 on Wikimedia Commons, CC BY-SA 4.0.

데, 어느 날 잘 익은 감자를 꺼내 접시에 올려놓는 순간 맛있는 냄새가 코를 찌르자 무심코 "여기에 맛있는 소시지라도 곁들였으면" 하고 말해버린다.

감자와 함께 국민 음식으로 꼽히는 독일 소시지의 종류는 무려 1,500여 가지에 이른다. 소시지는 냉장 시설이 없던 시절 고기를 오래 보관하기 위해 고안된 서민의 음식이기도 하다. 각종 향신료로 잡내를 없애기도 하는데 이때 쓰이는 재료로는 그림 동화에도 등장하는 노간주나무 열매가 있다. '주니퍼베리'라고 불리는 이 열매는 '가난한 자들의 후추'라는 별명을 가졌으며 쌉쌀하면서 약간 얼얼한 향을 낸다. 진과 같은 알코올음료나 케이크, 잼, 파이 등 쓰임새가 무궁무진하다.

음식에 대한 동화로는 「단추 수프」도 잘 알려져 있다. 인심 야박한 마을에서 하루 묵게 된 나그네는 구두쇠 부자에게 단추 하나만 있으면 맛있는 수프를 만들 수 있다고 말한다. 큰 냄비에 단추를 넣어 끓이던 나그네가 "양파가 조금만 있었다면 더욱 좋았을 텐데…"라고 중얼거리자 마을 사람 한 명이 양파를 나눠준 것을 시작으로 당근, 고기, 소금 등 다양한 재료들이 들어가면서 나그네와 마을 사람들은 맛있는 수프를 다 함께 나눠 먹게 된다. 실제로 유럽에서는 잔치를 벌일 때 광장에 큰 솥을 하나 두고 사람들이 하나씩 넣은 재료들로 스튜를 끓여 나눠먹는 풍습이 있다. 이 동화는 공동체의 중요성을 강조하는 작품으로도 읽힌다.

하지만 독일 동화 중 이른바 '먹방'의 정점을 찍는 작품은 따로 있다. 바로 루트비히 베히슈타인의 「게으름뱅이의 천국 이야기」다. 19세기 작가이며 도서관원, 서기, 약사 등으로 활동했던 그는 그림 형제처럼 전래동화를 엮어 출판했다. 1823년에는 『튀링엔의 전래동화』를 출간했고 1845년에는 『독일 동화집』을 남겼다. 「게으름뱅이의 천국 이야기」는 플랑드르 지역에 전승된 이야기를 바탕으로 하며 16세기 네덜란드 화가 브뢰헬의 그림으로도 잘 알려져 있다.

'슈라라펜란트'라는 나라에서는 집집마다 지붕이 빵으로 되어있고, 문과 벽은 꿀이 든 과자, 대들보는 구운 돼지고기로 만들어져 있다고 한다. 울타리는 소시지로 엮여 있는데, 석쇠에다 구운 것도 있고 그냥 삶은 것도 있으므로 제각기 좋아하는 것을 먹을 수 있다. 강에는 좋은 냄새가 나는 달콤한 말바지아 품종 포도주와 그밖에 맛있는 포도주, 또 샴페인 등의 술이 넘쳐흘러서 빨대로 마음껏 마실 수 있다고. 게다가 자작나무와 버드나무에는 막 구운 빵이 열려 있고, 나무 밑에는 우유의 시내가 흐른다.

물고기들은 이미 굽거나 삶아진 상태로 냇가를 헤엄친다. 직접 잡는 것마저 귀찮은 사람은 "이리 와, 이리 와." 하고 부르면 물고기가 스스로 뭍으로 올라온다. 타조와 칠면조, 비둘기와 닭, 종다리 등의 새들도 입만 벌리고 있으면 날아 들어온다. 그뿐 아니라 통구이 상태의 돼지는 포크와 나이프가 꽂힌 채 돌아다녀 누구든지 막 구운 고기를 먹을 수 있다.

피터 브뢰헬Pieter Bruegel the Elder, 「게으름뱅이의 천국The Land of Cockaigne」, 1567.

땅바닥에는 치즈 덩어리가 굴러다니고, 돌멩이는 맛있는 먹이를 다져 넣은 비둘기의 모이주머니가 아니면 고기를 넣은 파이다. 그 밖에도 벌꿀로 된 빗방울이, 눈 대신 얼음사탕이 내리고 우박은 무화과, 건포도, 은행 등을 섞어 만든 각설탕이다.

그러나 이 '천국'에는 반전이 있다. 다른 이를 골탕 먹이는 사람이나 거짓말쟁이일수록 돈을 많이 번다는 것이다. 반대로 일하기 좋아하고 착한 사람들은 슈라라펜란트에서 쫓겨나게 된다. 결국 이 동화는 서민을 착취하고 자신들의 배만 불리는 귀족이나 부유층에 대한 풍자이며, 검약을 중시하는 독일인들의 사고방식을 반영하고 있다.

참고 문헌

- 그림 형제, 『그림동화전집』 1, 2권, 금은숲 옮김, 동서문화사, 2016.
- 박진아, 『그림형제 독일민담』, 뮤진트리, 2010.

- 귄터 그라스, 『넙치』 1, 2권, 김재혁 옮김, 민음사, 2002.
- 프랜시스 케이스, 『죽기 전에 꼭 먹어야 할 세계 음식 재료 1001』, 박누리 옮김, 마로니에북스, 2009.
- 이원복, 『이원복 교수의 진짜 유럽 이야기』, 두산동아, 1998.
- 소년소녀 세계문학전집 중 『그림 동화집』과 『독일 동화집』, 계몽사, 1979.

소박한 식탁에 담긴 청교도적 세계관

요한나 슈피리의 『하이디』와 스위스 음식

스위스 요리라고 하면 우리나라 사람 열에 아홉은 녹인 치즈를 빵에 찍어먹는 퐁듀를 떠올릴 것이다. 서울 이태원이나 한남동 등지에서 맛볼 수 있는 퐁듀는 1인분에 몇 만원이 훌쩍 넘는, 값비싼 고급 요리로 취급받고 있다. 그러나 퐁듀 가격이 비싼 것은 외국 요리라는 프리미엄에다 재료가 되는 치즈와 와인 등이 한국에서 비정상적으로 고가인 탓이다. 실제로 본고장인 스위스에서 퐁듀가 어떻게 탄생했는지 그 기원을 살펴보면 고급 요리와는 전혀 거리가 멀다는 사실을 알 수 있다.

알프스의 여름 풍경 / 사진 출처: Umberto Salvagnin on Flickr, CC BY 2.0.

녹인 치즈에 빵을 찍어 먹는 퐁듀

농사를 짓기 힘든 알프스 산간지대에서 목축에 의존하여 살아가던 사람들에게 겨우내 먹을 식량을 구하는 일은 결코 만만치 않았다. 당연히 곡식이나 채소는 매우 귀했고, 보존 가능한 음식이라곤 오래되어 굳어진 치즈나 빵이 대부분이었다. 스위스인들은 딱딱해서 씹기도 힘든 치즈를 어떻게든 맛있게 먹을 수 있도록 와인에 녹여 부드럽게 만들었다. 굳은 빵도 뜨거운 치즈에 적시면 먹을 만하게 되었다. 말하자면 퐁듀는 배고픈 겨울을 무사히 보내기 위한 눈물의 음식이었던 셈이다.

추억의 애니메이션으로도 잘 알려진 '알프스 소녀' 하이디가 할아버지와 함께 했던 식사도 이처럼 소박하기 그지없다. 알름 할아버지와 하이디는 찬장에 굳은 치즈와 빵을 놓아두고 그때그때 치즈를 불에 녹여 빵에 발라 먹는다. 이들의 식탁을 그나마 풍성하게 해 주는 것은 갓 짠 염소젖뿐이다.

작품 속에 요리 이름이 직접 언급되지는 않지만 이 메뉴는 '라클레트'라는, 주로 스위스 프랑스어권에서 먹는 음식이다. 라클레트 치즈를 와인에

루돌프 멍거Rudolf Münger, 『하이디』 삽화, 1952
이미지 출처: Adrian Michael on Wikimedia Commons, CC BY-SA 3.0.

라클레트 치즈를 녹여 감자, 샤퀴테리에 곁들여 먹는 라클레트 요리

넣지 않고 직접 녹여 퐁듀보다 맛이 훨씬 진한 이 음식은 북한의 김정일도 생전에 즐겨 먹었다고 한다. 산속에 혼자 사는 알름 할아버지로서는 때맞춰 장을 보고 제대로 요리를 하기 힘들어 이렇게 커다란 치즈를 보관해 두었다가 그때그때 간단히 식사를 했을 것이다.

라클레트 치즈는 녹일 때 우리의 청국장처럼 쿰쿰한 냄새가 나므로 익숙하지 않은 사람에게는 거부감이 들 수도 있다. 그밖에 스위스에서 생산되는 치즈 중에서는 에멘탈과 그뤼에르, 아펜젤러 등이 유명하다. 〈톰과 제리〉를 통해 우리에게도 친숙하게 알려진 에멘탈 치즈는 뽕뽕 뚫린 구멍이 특징이며 맛은 의외로 체다치즈에 비해 진하지 않고 견과류와 비슷한 은은한 향이 난다. 그뤼에르 치즈와 함께 퐁듀의 주재료로 쓰인다.

그뤼에르는 에멘탈과 만드는 법이 유사하지만 소금을 더 사용해 맛이 한층 짭짤하며, 크게 자른 커드를 고온, 고압에 압착한 뒤 낮은 온도에서 천천히 숙성해 만든다. 에멘탈보다 강한 향에 살짝 신맛이 도는 이 치즈는 식사용 파이인 키슈나 그라탕에도 사용된다.

구멍이 송송 뚫린 에멘탈 치즈 / 출처: Ben Sutherland on Flickr, CC BY 2.0.

에멘탈, 그뤼에르와 함께 스위스 3대 가열 압착 치즈 중 하나인 아펜젤러는 샤를마뉴 대제 시절인 8~9세기까지 거슬러 올라가는 유서 깊은 치즈다. 소금물 대신 와인과 애플 시드르, 이스트, 허브, 향신료, 소금 등을 섞은 '슐츠' 용액으로 닦아주며 숙성시킨다.

한편 작품 속에서 두 염소, '백조'와 '곰'이 만들어내는 젖은 이 집을 찾는 사람들 모두가 한번만 마셔보면 반할 정도로 맛이 좋다고 묘사된다. 우리나라에서도 한때 산양유라는 이름으로 염소젖이 시판된 적이 있는데 염소는 소와 달리 들풀을 주로 먹고 살다 보니 특유의 풍미가 강해 큰 인기를 끌지는 못했다.

하이디가 페터와 함께 염소 떼를 돌보러 갈 때 가져가는 도시락에는 주로 빵 조각이나 감자에 아주 가끔 소시지, 고기 절임 등이 곁들여진다. 냉장 시설이 없던 시절이니 일단 도축한 고기는 바로 먹거나 아니면 이렇게 육가공품으로 만들어야 했을 것이다.

페터의 어머니 브리기테와 할머니가 살아가는 모습을 보면 산골 지역의 열악한 식량 사정을 새삼 확인할 수 있다. 할머니는 이가 좋지 않은데도 부드러운 흰 빵을 살 돈이 없어 주로 뻣뻣한 검은 빵을 드시는데, 그 사실이 늘 마음에 걸렸던 하이디는 프랑크푸르트에서 돌아올 때 하얗고 부드러운 빵을 잔뜩 가져다 드린다.

『하이디』에 묘사되는 음식들이 지극히 소박한 이유는 그 당시 산간지대에 식량이 부족했던 탓도 있지만 종교의 영향도 무시할 수 없다. 스위스에서 활동한 종교 개혁가 장 칼뱅Jean Calvin은 먹고 입는 것의 사치를 배제하는 청교도적 문화를 뿌리내리게 했으며 이에 따라 식생활도 극도로 검소해진 것이다. 또한 이 작품의 저자 요한나 슈피리Johanna Louise Spyri가 독실한 개신교도라는 점도 작품에 어느 정도 반영된 듯 하다.

송아지 스튜 게슈네첼테스와 사이드로 곁들인 뢰스티
사진 출처: Xocolatl on Wikimedia Commons, CC BY-SA 4.0.

참고로 소설의 배경이 되는 스위스 취리히 근교의 마이엔펠트 지역은 독일어권으로, 이곳의 요리들은 대부분 독일 음식의 영향을 받았다. 독일식 감자전으로 알려진 뢰스티가 대표적이며, 크림과 버섯을 넣고 끓인 송아지 스튜 게슈네첼테스, 각종 육류를 수프에 넣어 익힌 베르너 플라테, 야채와 파스타, 양파, 햄 등을 마카로니와 함께 넣고 치즈에 버무린 앨플러마그로넨 등이 있다.

최근 몇 년 전부터 건강식으로 각광받고 있는 뮤즐리도 스위스 독일어권에서 개발된 음식이다. 도정하지 않은 통곡물과 견과류를 혼합한 것으로, 우유나 요구르트에 섞어 아침식사 대용으로 먹는다. 이 음식은 생식 전도사인 막시밀리엄이라는 의사가 개발했다고 한다.

한국인들에게 『하이디』는 일본에서 만들어진 애니메이션과 함께 아름다운 자연을 벗하며 살아가는 소녀의 성장기로 기억된다. 그런데 슈피리가 지은 원작을 읽어보면 이 작품을 단순히 성장 소설로만 보기는 어렵다는 것을 알게 된다.

반강제로 프랑크푸르트에 끌려간 하이디는 집을 그리며 외로움 속에 지내다 클라라와 우정을 쌓고 제제만 부인(클라라의 할머니)에게 글을 배우면서 조금씩 내면의 성장을 이뤄간다. 여기서 하이디를 정신적으로 성숙하게 만드는 원동력이 바로 기독교 신앙이다.

다시 산으로 돌아온 하이디는 마을 사람들과 고립돼 살던 알름 할아버지를 교회로 데려가며 그의 삶을 새로운 방향으로 이끈다. 작품 초반부의 알름 할아버지는 신을 믿지 않는 고집 센 꼰대 캐릭터에 가까웠다. 젊은 시절에는 도박에 빠져 가산을 탕진하고, 스위스 용병으로 전쟁을 겪으며 성격마저 거칠어진다. 이탈리아 통일 전쟁에서 입은 부상으로 인한 장애, 아들의 이른 죽음 등은 그가 마음의 문을 더욱 굳게 닫는 데 영향을 미친다.

그러나 하이디를 만나며 조금씩 자상한 할아버지로 변모하는 그는 결국 마을 사람들과 소통하기 시작하며 신에게 용서를 빌고 지난날을 뉘우친다. 하이디는 할아버지를 회개시키는 데 그치지 않고 성경을 들고 돌아다니며 더 많은 사람들에게 전도를 시작한다. 『알프스의 소녀』는 성장 소설인 동시에 종교 소설인 것이다. 알프스를 찾은 클라라가 걸을 수 있게 되는 결말 역시 기독교 신앙에서 말하는 '기적'이 현실화된 것으로 볼 수 있다.

슈피리가 『하이디』를 집필한 시기는 산업혁명의 시대가 도래하면서 인간성 상실과 자본주의의 좋지 않은 면모가 서민들의 삶을 고단하게 했던 19세기다. 작가는 기독교 신앙으로의 회귀만이 인간을 구원할 수 있다는 믿음을 작품에 녹여낸 셈이다. 이처럼 슈피리 자신의 보수적이고 종교적인 시각이 상당 부분 담겨 있다 보니 성인이 되어 이 작품을 다시 읽으면 묘하게 이질감이 들기도 한다. 그럼에도 불구하고 하이디와 할아버지의 자연 속 소박한 삶이 쫓기듯 살아가는 현대인들에게 힐링을 선사한다는 점은 부인할 수 없을 듯하다.

참고 문헌

- 요한나 슈피리, 『하이디』, 한미희 옮김, 비룡소, 2003.
- 이경희, 「요한나 슈피리의 아동소설 하이디 연구 - 괴테의 빌헬름 마이스터의 수업시대의 아동인물 미뇽과의 상호텍스트성을 중심으로」, 『독일현대문학』, no. 27, 2006. pp. 339~362.
- 『그랑 라루스 요리백과』 중 "스위스".
- 우문호 외 5, 「스위스」, 『글로벌시대의 음식과 문화』, 학문사, 2006.

중세 공동체를 무대로 한 흥미진진한 비밀 지도

움베르토 에코의 『장미의 이름』과 중세 이탈리아 지역의 수도원 요리

이탈리아 토스카나 지역에 위치한 산탄티모Sant'Antimo 수도원. 781년에 착공하여 12세기에 완공되었다.

오늘날 수도원이라고 하면 성직자들이 모여 경건하고 금욕적인 생활을 하는 곳으로만 아는 이들이 많다. 이런 이미지는 산사에서 속세와 단절된 채 살아가는 조선시대 승려들의 모습과도 비슷하다. 하지만 현대의 종교인들이 다양한 방식으로 세속의 일에 관여하듯, 중세의 수도원 역시 수행만을 위한 장소는 아니었다.

중세 가톨릭교회 수도자들이 기도만큼이나 중요하게 여긴 일이 바로 노동이다. 폐쇄적인 공동체에서 모든 것을 자급자족하며 살아갔기 때문에 이들은 각자 농업과 목축, 약초 재배 등 수도원 살림에 필요한 것들을 생산해내는 데 투입됐다. 수도원에서 만든 물건들을 외부로 판매해 그 수익을 재정에 보태기도 했는데, 기술이 장기간 누적되면서 일반인들은 쉽게 구하기 힘든 고급 소비재들도 많이 생산했다고 한다.

수도원에서 생산한 대표적인 제품으로는 치즈와 햄, 와인 등이 있다. 맥주와 각종 리큐어도 다양하게 만들어져 나오면서 바깥세상 사람들의 입맛을 사로잡았다. 오늘날까지 사랑받는 마카롱과 에그타르트 같은 과자들 역시 수녀원에서 그 기원을 찾을 수 있다. 음식만이 아니었다. 수도원 레이스는 귀족들에게 최고의 사치품으로 사랑을 받았다.

움베르토 에코Umberto Eco의 소설 『장미의 이름』은 마치 비밀 요새와도 같은 중세 수도원 공동체를 무대로 신에 대한 믿음과 인간의 욕망, 그로 인해 일어나는 복잡한 갈등을 흥미진진한 추리소설 형태로 풀어낸 작품이다.

주인공인 젊은 수사 아드소는 베네딕트회 소속으로 멜크 수도원에 머무르고 있었다. 시대적 배경이 되는 14세기 초는 교황청이 아비뇽으로 옮겨가고, 로마와 아비뇽에서 각자 교황을 선출하는 등 교회 내 혼란이 가중되던 시기였다. 이탈리아 이곳저곳을 방랑하던 아드소는 부친에 의해 윌리엄 수사의 시자侍者로 동행하게 되며, 이들이 마침 살인 사건이 터진 프랑스와 이탈리아 국경 지대의 산속 수도원을 방문하면서 이야기는 시작된다.

사건 수사를 맡게 된 두 사람이 둘러보는 수도원 내부 모습에서 이 공동체의 식생활을 짐작할 수 있다. 방을 안내받은 윌리엄과 아드소는 간단한 식사로 와인과 치즈, 올리브, 건포도 등을 대접받는다. 수도원의 채마밭에는 타임, 토란, 아욱, 후추, 루바브, 감초, 노간주나무, 엘더플라워, 호박, 양파 등 온갖 허브와 약초, 채소들이 자라고 있다.

저녁 식사를 준비하는 부엌도 분주하다. 수사들의 식사에 쓰이는 식재료로 우유, 식초, 마늘을 비롯해 콩, 보리, 귀리, 호밀 같은 곡식류, 순무, 냉이, 무, 당근 같은 채소류가 즐비하게 마련되어 있다. 고기도 빠질 수 없어서, 뛰어다니는 닭을 잡아 요리에 쓰는가 하면 때에 따라 소와 양, 돼지도 잡아 식탁에 올린다. 한편 수도원에서의 첫 저녁 식사 때 아드소는 수도원장이 처음 보는 '삼지창'으로 식사를 하는 모습을 보며 신기해한다.

이 삼지창이 어떤 물건인지는 굳이 설명하지 않아도 짐작이 갈 것이다. 중세 사람들은 신이 내려준 음식을 집을 수 있는 것은 오로지 사람의 손뿐이라는 믿음을 갖고 있었다. 때문에 왕이나 귀족들의 만찬에도 포크 같은 식기는 등장하지 않았으며, 핑거볼에 물을 담아 중간중간 손을 씻어가며 먹었다.

포크의 위상이 올라간 것은 14세기 무렵의 일로, 손을 더럽히지 않고 식사할 수 있다는 편리함에 더해 귀금속과 보석으로 만들어 부를 과시하는 역할도 했다. 포크를 전 유럽으로 전파시킨 주인공은 바로 이탈리아 출신의 프랑스 왕비, 카트린 메디치다. 수도원장이 포크를 사용해 식사하는 장면은 중세의 성직자들에게도 세속의 입김이 영향을 미치기 시작했음을 의미하는 상징으로도 읽힌다.

『장미의 이름』에서 독자들의 관심을 가장 많이 끈 음식은 아마 구

다양한 무늬와 장식을 넣은 중세 시절의 커트러리

운 "건락乾酪 떡"일 것이다. 건락 떡이란 치즈를 의미하는데, 이윤기 버전의 번역에는 이런 의역이 자주 눈에 띈다. 불교 용어를 차용해 수도원 밖 마을을 "사하촌寺下村"이라고 칭하거나 시종侍從을 "불목하니"[7]라고 하는 식이다. 읽기에 따라 다소 난해하게 여겨지기도 하지만 폐쇄적인 수도원의 분위기를 한결 더 잘 살려준다는 장점도 있다.

어쨌든 치즈 역시 수도원에서 빠질 수 없는 식재료다. 프랑스 못지않은 치즈 강국인 이탈리아에는 파르미지아노 레지아노, 그라나 파다노, 페코리노 로마노 같은 유서 깊은 치즈들이 많다. 우리나라에서는 모짜렐라가 '피자 치즈'로, 파르미지아노 레지아노가 '가루 치즈'로 알려져 있는데 공장식으로 생산되는 이들 치즈와 비교하면 오리지널은 제조 공정이 훨씬 까다롭고 가격도 상당히 높다. 소설에 등장하는 "버터나 돼지기름을 발라 굽고 설

7) 절에서 밥을 짓고 물을 긷는 일을 맡아서 하는 사람. (참고: 표준국어대사전)

탕, 계피 등으로 양념한" 치즈가 어떤 것인지는 이름은 나오지 않아 정확히 알 수 없지만, 구워서 먹을 만큼 단단한 치즈라면 호리병 모양의 '카초카발로'와 비슷한 종류가 아닐지 짐작해 본다.

호리병 모양의 단단한 치즈 '카초카발로caccio cavalo'
사진 출처: Flickr @digitearte

아드소와 윌리엄이 수도원에 도착한 지 이틀째 되는 날, 프랑스 출신의 수사 베난티오가 돼지 피가 담긴 단지에 거꾸로 처박힌 채 참혹한 시신으로 발견된다. 전날 수도원에서는 겨우내 먹을 육가공품을 만들 목적으로 돼지를 잡았었다. 실제로 알프스 산간 지역에서는 다양한 종류의 선지 소시지가 만들어지는데 잣과 소금, 우유와 양파가 들어간 베르도, 빵과 감자, 향신료를 섞은 마르차파네 등이 있다. 토스카나 주에서는 피렌체의 회향 씨앗으로 맛을 낸 '비

이탈리아의 피순대 비롤도biroldo / 사진 출처: Tuscany Events on Flickr, CC BY 2.0.

롤도'라는 이름의 피순대가 유명하다. 우리에게는 조금 낯설지만 선지에 설탕, 초콜릿, 건포도 등을 섞어 만드는 '상귀나치오 돌체sanguinaccio dolce'라는 디저트도 있다.

후반부, 아비뇽 사절단을 대접하는 장면에서는 '검약'과는 거리가 멀어 보이는 상당히 호화스러운 만찬이 마련된다. 와인에 조린 비둘기 스튜, 토끼 구이, 쌀가루와 아몬드로 만든 성 키아라 빵, 향신료인 보리지를 넣은 파이, 양고기, 볶은 콩, 성 베르나르도 과자, 성 니콜로 파이, 성 루치아 경단 등이 식탁 위를 차지하고 있어 주인공 아드소는 "성서를 봉독하는 목소리만 없었다면 식도락가의 주지육림과 다를 게 없을 것"[8]이라고 생각한다.

레몬주스와 호두술, 용담술 같은 음료도 등장하는데 이는 중세 수도원에서 약용으로 리큐어가 흔히 만들어졌음을 암시한다. 중세 이후의 리큐어는 그 다채로운 빛깔과 향 덕분에 특히 파티에 참석하는 귀부인들 사이에서 사랑받았으며, 현대에 와서는 각종 칵테일에 빠질 수 없는 부재료로 활용되고 있다.

우리에겐 다소 낯선, 성인들의 이름을 붙인 빵과 과자들을 그 성인의 축일에 만들어 먹는 것은 가톨릭교회의 오랜 전통이다. 가령 성 키아라 빵은 십자가 형태로 칼집을 낸 빵을 말한다. 이와 비슷한 형태의 빵들은 유럽 각지로 전파됐는데 오늘날에는 영국의 핫 크로스 번이 유명하다. 성 베르나르도 과자는 달콤한 포카치아focaccia dolce의 일종으로, 버터와 달걀에 바닐라와 레몬 껍질 등으로 향을 낸 도넛형 빵이다. 성 니콜로 파이는 견과류를 넣은 파이이며, 성 루치아 경단은 슈크림 정도 크기의 작은 빵에 설탕 아이싱을 씌운다.

한편 요새와도 같은 수도원의 실상은 음모와 욕망, 눈먼 신앙 같은 어둡

8) 움베르토 에코, 『장미의 이름』 하권, 이윤기 옮김, 열린책들, 2008, pp.522~523.

월터 덴디 새들러Walter Dendy Sadler, 「수도사의 식사The Monk's Repast」, 캔버스에 유채, 1923.

고 복잡한 그림자가 지배하는 장소였다. 성매매와 인권 유린, 부정부패 등 인간의 추악한 이면을 목도한 아드소는 설명할 수 없는 혼란에 빠진다. 결국 7일째 되는 날 마치 세기말의 재앙처럼 수도원은 불에 타고 잿더미만이 남는다. 스승 윌리엄과 결별하고 오랜 세월이 지난 후, 수도원을 다시 찾은 아드소는 "예전의 장미는 그 이름일 뿐, 우리에겐 그 이름들만 남아있을 뿐 Stat Rosa pristina nomine, nomina nuda tenemus"이라는 말로 소회를 밝힌다.

종교나 기호학에 익숙지 않은 사람들에게 『장미의 이름』은 쉽게 읽히는 작품은 아니다. 하지만 생생하게 묘사된 중세 수도회의 생활상을 따라가다 보면 마치 미로를 헤매다 숨겨진 보물을 발견하는 듯한 즐거움을 느낄 수 있을 것이다.

이탈리아 가정의 부활절 빵

밀라노 자택에서 인터뷰 중인 생전의 움베르토 에코
사진 출처: Aubrey on Wikimedia Commons, CC BY-SA 1.0.

참고문헌

- 움베르토 에코, 『장미의 이름』, 이윤기 옮김, 열린책들, 2008.
- 슈 호카, 『중세 유럽의 레시피』, 김효진 옮김, 에이케이커뮤니케이션즈, 2019.
- 김홍철, 『한국신종교대사전』, 김홍철, 모시는사람들, 2016.
- 이동춘 외, 「종교적 메타포로서 음식과 먹고 마시는 행위: 초서의 성직자 이야기들을 중심으로」 연구 결과 보고서, 대구대학교, 2017.

어둠의 세계를 살던 이민자들의 음식

마리오 푸조의 『대부』와 미국식 이탈리아 음식

"총은 놔두고, 카놀리는 가져와."

누아르 영화의 고전이라 할 수 있는 〈대부〉 1편의 명대사다. 마피아 조직의 일원인 피터 클레멘자는 배신자를 처리하는 와중에도 아내가 심부름으로 부탁한 과자는 빼놓지 않고 챙긴다. 이 장면은 무기보다 먹을 것이 중요하던 2차 세계대전 직후의 시대상을 반영하는 한편, 먹는 것에 진심인 이

시칠리아의 대표적인 디저트, 카놀리
사진 출처: mat's eye on Wikimedia Commons, CC BY 2.0.

탈리아인들의 면모를 보여준다.

프랜시스 포드 코폴라 감독의 〈대부〉는 이탈리아계 미국 작가인 마리오 푸조의 소설을 바탕으로 한다. 1920년생인 그는 헬스 키친Hell's Kitchen으로 불리는 뉴욕 맨해튼의 빈민가에서 태어났으며, 그의 부모는 나폴리 출신의 가난한 이민자였다. 1969년에 출간한 소설 『대부』는 《뉴욕타임스》 베스트셀러 목록에 67주나 랭크됐고 지금까지 2,100만 부 이상이 팔려나갔다.

1972년 영화화된 〈대부〉는 말 그대로 공전의 흥행을 기록한다. 오늘날 할리우드 대배우로 성장한 알 파치노의 젊은 시절을 볼 수 있는 작품이기도 하다. 이 영화는 지금도 영상물 분야에서 논란거리가 되고 있는 '폭력 미화'의 시발점이 되기도 했다. 다만 이는 제작 과정에 개입한 마피아들이 자신들을 부정적으로 묘사하지 못하도록 압박을 가한 결과였으니 어쩔 수 없

이탈리아 이민자들이 자리를 잡은 뉴욕의 '리틀 이탤리' 거리
사진 출처: ajay_suresh on Wikimedia Commons, CC BY 2.0.

는 측면이 있다.

개봉된 영화 속 마피아는 끈끈한 가족애를 중시하고, 어딘지 모르게 귀족적인 품위를 갖추고 있다. 이 때문에 실상은 시정잡배에 가까웠던 마피아 조직원들이 돈 콜리오네 일가의 우아한 행동거지를 보고 배우기 위해 영화를 단체 관람했다는 웃지 못할 일화도 전해진다.

작품의 배경은 2차 세계대전 종전 직후인 1945년이다. 뉴욕의 5대 패밀리 중 가장 큰 세력을 갖고 있던 콜리오네 집안은 막내딸 코니의 결혼식으로 분주하다. 아버지의 사업을 이어받을 장남 산티노는 주변을 살피고, 셋째 아들 마이클은 여자친구 케이 애덤스를 데려와 '형식상' 파티 분위기를 맞춰주는 중이다. 그 시간, 형세의 부친 비토는 자신의 집무실에서 은밀한 청탁을 하러 온 이탈리아계 이민자들을 만나고 있다.

이들이 비토에게 청하는 일들은 법의 테두리에서 해결할 수 없는 것들이다. 장의사 보나세라는 남자들에게 무자비하게 폭행을 당한 딸의 복수를 부탁한다. 제빵업자 나조린은 이탈리아군 포로였던 남자를 사위로 맞기 위해 그가 본국으로 추방되지 않도록 도움을 요청한다. 영화 제작자에게 밉보인 가수 출신 배우 쟈니 폰테인은 다시 기회를 얻기 위해 대부를 찾아온다.

왁자지껄한 결혼식이 무사히 끝난 직후, 콜리오네 패밀리에게는 위기가 찾아오고 있었다. 또 다른 마피아 조직인 타탈리아 패밀리의 수장인 버질 솔로초가 마약 사업을 제안해 온 것. 비토는 마약의 위험성과 정계와의 커넥션 단절 등을 이유로 협력을 거절한다. 그러나 충직한 부하인 루카 브라시가 솔로초에 의해 살해당하고, 비토 본인도 총격으로 생명이 위험한 지경에 처한다.

아버지가 사경을 헤매자 삼 형제 중 유일하게 아이비리그 대학을 졸업하고 양지의 길을 걷기로 했던 셋째 마이클은 분노한다. 총격 사건에 현직 경

〈대부〉 3편의 마지막 부분이 촬영된 시칠리아의 마시모 극장. 마이클이 총격으로 딸을 잃고 절규하는 장면이 오래 회자되었다.

찰서장이 개입한 것을 알게 된 그는 버질 솔로초와 부패 경찰 맥클러스키 서장을 사살하고 시칠리아로 도피한다. 마이클은 시칠리아에서 마음의 안정을 찾고 사랑하는 여인을 만나 결혼도 하지만 아내가 배신자에 의해 폭사하며 결국은 조직을 맡기 위해 미국으로 돌아가게 된다.

비토가 1955년 사망하자 마이클은 조카의 세례식 자리에서 5대 패밀리의 수장들을 몰살하고 매제와 아버지의 배신자들을 숙청한 다음, 2대 돈 콜리오네의 자리에 오른다. 본의 아니게 마피아의 안주인이 된 두 번째 아내 케이를 뒤로한 채 집무실의 문이 닫히며 〈대부〉 1편은 끝을 맺는다.

마리오 푸조의 원작 소설은 영화판 중 1, 2편의 내용을 담고 있다. 시리즈의 마지막인 3편에서는 마피아 세력이 몰락하는 과정이 묘사된다. 이는 금주법이 시행되던 1920년대 밀주 사업으로 세력을 키우다 전쟁 후 미국 내 공권력의 힘이 커지며 범죄 조직의 힘이 차츰 약해진 실제 역사를 반영하고 있다.

〈대부〉가 단순한 조폭 미화물을 넘어 영화사의 걸작으로 평가받는 데는 이유가 있다. 가족과 동포를 위해 죽음도 불사한다는 연대감은 이민자들이 다수를 이루는 미국 사회에서 적지 않은 공감을 끌어낼 수 있는 요인이 됐을 것이다. 특히 '패밀리'라는 이름으로 하나가 되는 이탈리아계 이민자들의 모습은 낯선 땅에서 아메리칸드림을 위해 고군분투하던 우리나라 재미 교포 1세대들과도 닮아 있다.

한편 뉴욕으로 이주한 이탈리아 이민자들은 고향 음식의 맛을 미국 전역에 전파한 주역이기도 하다. 누구나 좋아하는 외식 메뉴 피자와 파스타는 이탈리아에서 미국을 거쳐 오늘날 전 세계 사람들의 사랑을 받고 있다. 다만 짭짤한 페퍼로니 피자와 생크림이 듬뿍 든 파스타를 정작 이탈리아 본토 사람들은 좋아하지 않으며, 변형된 이민자들의 음식은 마치 우리나라의 짜장면처럼 현지화된 '남의 나라' 메뉴쯤으로 취급된다.

비토 콜리오네의 고향인 시칠리아는 특히 이탈리아를 대표하는 음식의 본고장으로 명성이 높다. 온화한 기후에 화산재로 비옥해진 땅은 밀과 블러드 오렌지, 피스타치오, 레몬, 올리브, 토마토, 포도 등 양질의 농산물을 키우기에 안성맞춤이다. 바다 가운데 있는 섬이다 보니 정어리나 청새치 같은 해산물도 풍부하다. 여기에 고대 그리스, 로마, 아랍, 노르만, 스페인 등 여러 민족들이 거쳐간 역사적 배경으로 인해 다채롭고 독특한 식문화가 발달했다.

우리나라의 고추, 마늘처럼 이탈리아 음식에서 빠질 수 없는 식재료가 바로 올리브다. 마피아 조직원들 상당수가 올리브 오일 사업을 한다는 데서 그 중요성을 엿볼 수 있다. 지중해성 기후에서 가장 잘 자란다는 오렌지, 레몬 등도 자주 등장한다. 특히 비토 콜리오네는 길가에서 오렌지를 고르다 총을 맞는 등 작품 속 중요한 시점에 오렌지라는 과일이 중요한 모티브가 된다.

글의 첫머리에서도 언급한 카놀리는 시칠리아를 대표하는 디저트다. 영화 3편에서는 콘실리에리consigliere(마피아 보스의 상담역, 고문)가 된 막내딸 코니가 독이 든 카놀리로 돈 알토벨로를 암살한다. 카놀리는 길쭉한 봉에 밀가루 반죽을 붙여서 튀겨 만든 튜브 모양의 빵에 리코타 치즈나 크림, 초콜릿, 과일 등의 소를 넣어 만든다. 커스터드 크림을 넣은 카놀리도 있다. 팔레르모 지역에서 유래한 이 과자는 카니발 축제 때 풍작을 기원하는 상징이기도 하다.

또 다른 시칠리아 향토 음식으로는 아란치니가 있다. '오렌지'라는 뜻을 가진 이 요리는 미트소스와 모차렐라 치즈 등을 채워 튀겨낸 주먹밥으로, 원형 혹은 고깔 모양이 있다. 소설에 등장하는 아란치니에는 구운 피스타치오와 파마산 치즈가 곁들여진다. 쌀이 들어가므로 우리나라 사람들 입맛에도 잘 맞는 데다 저렴한 가격에 속이 든든한 별미다.

한편 토마토소스는 이탈리아인의 소울 푸드라 해도 과장이 아닐 정도

아란치니

다. 소설 속 클레멘자는 마이클 콜리오네에게 '선데이 소스'라고 하는 토마토 소스만드는 법을 가르쳐 준다. 초창기 이민자들이 먹던 토마토소스에는 잘게 다진 값싼 고기가 들어갔다고 한다. 이 소스는 '미국화된 이탈리아 음식'을 상징하는 미트볼 양념으로 쓰이며, 라자냐의 베이스가 되기도 한다.

아일랜드계인 비리 경찰 맥클러스키는 마피아들에게 시칠리아 명물 음식을 판다는 레스토랑에서 '스칼로피네'를 대접받는다. 한국인에게는 생소한 이 메뉴는 송아지 고기나 닭고기에 밀가루를 뿌린 다음 강한 불에 소테하고 토마토나 포도주 졸인 것을 얹는 요리다. 작품 속 스칼로피네에는 마르살라 와인이 쓰이며, 케이퍼와 레몬이 곁들여진다.

이민자들의 음식이 본토 요리와 다르듯 실제 마피아들의 삶도 미화된 영화 속 모습과는 차이가 있다. 하지만 영화 팬들이 현실에서 경험할 수 없는

레몬을 곁들인 스칼로피네 알 리모네
사진 출처: Xocolati on Wikimedia Commons, CC BY-SA 3.0.

세계를 접하며 느끼는 즐거움처럼, 낯선 땅에서 새롭게 태어난 음식들도 그 나름의 매력을 갖고 있는 게 아닐까.

참고문헌

- 마리오 푸조, 『대부』, 이은정 옮김, 늘봄, 2003.
- 〈스트리트 푸드 파이터〉 시즌 2, 7화, tvN.
- 〈대부〉 영화 정보, imdb.com
- “Sicily Food Guide”, italyfoodies.com
- “A History of Sicilian Cuisine”, University of Massachusetts Journalism Program.

아름다운 풍광 속 소박한 음식 문화가 있는 곳

니코스 카잔차키스의 『그리스인 조르바』와 그리스 음식

영화 〈그리스인 조르바〉의 한 장면
사진 출처: Peter Sigrist on Flickr, CC BY 2.0.

2002년 개봉한 미국 영화 〈나의 그리스식 웨딩〉에서 주인공 일가가 운영하는 그리스 식당 이름은 바로 '춤추는 조르바Dancing Zorbas'다. 니코스 카잔차키스 소설의 세계적 명성이 드러나는 대목이다. 그리스 문화나 역사에 대해 잘 모르는 사람들도 토머스 불핀치가 쓴 그리스 로마 신화 시리즈 속 이야기나 조르바라는 이름에는 익숙할 것이다.

"고전 문학이란 누구나 제목은 알지만 아무도 정독한 적은 없는 책"이라는 흔한 우스갯소리가 있다. 『그리스인 조르바』 역시 가벼운 마음으로 집어 들었다가 상당한 분량과 철학적 메시지 때문에 중간에 읽기를 포기했다는 이들이 다수다. 하지만 행간을 들여다보면 사시사철 뜨거운 태양의 혜택을 받는 크레타섬 사람들의 소박하지만 풍요로운 생활상이 의외의 재미를 주는 작품이다.

이야기는 화자인 '나'가 항구 도시 피레에프스에서 크레타 섬으로 가는 배를 기다리는 장면에서 시작된다. 불교에 감화된 지식인 '나'는 부친에게 상속받은 갈탄 광산을 개발하고 이상적인 공동체를 만든다는 희망을 품고 있었다. 샐비어술을 홀짝거리고 있는 화자에게, 60대 초반의 늙수그레하지만 호탕한 느낌의 남자 알렉시스 조르바가 다가온다.

발레 〈그리스인 조르바〉 의 한 장면
사진 출처: Jernej Borovinsek on Wikimedia Commons, CC BY-SA 2.5. SI.

조르바의 언행은 초면인 '나'에게도 거침이 없다. 자신을 갈탄 채굴 광산의 십장으로 삼아 달라며, 약속의 증표로 건배 제의를 한다. 샐비어술 따위는 시시하다며 독한 럼주를 들이키고 파란 많았던 본인의 인생사를 털어놓는데, 사실 이 소설의 진짜 주제는 갈탄 광산에서의 생활상이 아니라 조르바가 온몸으로 겪어온 치열한 일대기에 있다.

두 사람이 도착한 크레타섬은 고대 서구 문명의 발상지이며 동시에 토마토, 가지, 수박, 오이 등 각종 농작물이 풍성하게 자라나는 천혜의 땅이기도 하다. '나'와 조르바는 바위투성이 해변에서 소금과 샐비어, 박하 냄새에 취하는가 하면 캐럽 열매와 올리브, 무화과, 포도, 오렌지, 레몬이 넘쳐나는 풍경에 마음이 설렌다. 이들이 머물기로 한 여관의 늙은 프랑스 여인 오르탕스는 독한 술 '라키'와 닭고기 요리를 대접하며 젊은 시절의 무용담을 들려준다.

우조와 함께 그리스의 국민 술이라고 불리는 라키는 아니스 향이 나는 40도의 증류주로, 물에 타면 우윳빛으로 변해 '사자의 젖'이라는 별명을 가졌다. 터키에도 같은 이름의 술이 있는데, 이는 오랜 오스만 제국 지배의 영향으로 보인다. 일종의 가지 그라탱인 무사카나 포도잎 쌈밥인 돌마데

사진 출처: Börkur Sigurbjörnsson on Fkickr, CC BY 2.0.

그리스를 대표하는 리큐어, 우조(위)와 라키(아래). 모두 물을 섞으면 뽀얀 우윳빛으로 변한다는 특징이 있다.

스, 단맛이 강한 디저트류 역시 터키에서 전래됐다는 것이 정설로 받아들여지고 있다. 실제로 작품 속에도 터키시 딜라이트로 불리는 로쿰이나 꿀타래와 비슷한 할바 등이 언급된다.

한편 그리스 음식 문화를 설명하는 키워드 세 개를 꼽자면 올리브오일, 요거트, 해산물이 있다. 어떤 요리건 간에 빠지지 않고 들어가는 올리브오일은 한국에서 시판되는 제품과는 달리 풀 향기가 강렬해 익숙하지 않은 사람에게는 거북할 수 있다고 한다. 올리브오일은 고대 신화에서도 자주 언급될 만큼 유서 깊은 식품이다. 인간에게 올리브를 선사한 아테네 여신이 말을 선물한 포세이돈을 제치고 아테네시를 차지한 이야기는 유명한데, 그만큼 올리브는 싼값에 식용유를 얻을 수 있는 데다 간식이나 반찬으로도 쓸모가 많은 식품이다.

대규모로 소를 키우기에 적절하지 않은 그리스의 자연환경 탓에 요거트 같은 유제품의 경우 염소나 양젖을 재료로 한 것이 대부분이다. 염소나 양은 목초보다 들풀을 주로 먹고 살기에 유제품 역시 우유와는 풍미가 크게 다르다. 그리스에서 가장 유명한 페타치즈는 두부와 비슷한 외양과는 대조적으로 짭짤하고 농후한 풍미를 가졌고, 허브가 들어간 올리브유에 담겨 병조림으로 판매된다.

또한 그리스인들은 오랜 가난의 영향으로 구하기 어려운 고기 대신 생선류를 많이 먹어왔다고 한다. 혀가자미나 달고기 같은 흰살 생선이 대표적이

올리브오일

페타치즈와 토마토, 오이, 올리브가 주재료인 그릭 샐러드
사진 출처: Jpatokal on Wikimedia Commons, CC BY-SA 4.0.

필로 페이스트리 사이에 시금치와 페타치즈, 달걀 등을 넣고 구워 만드는 그리스식 파이, 스파나코피타 / 사진 출처: Tanya Bakogiannis on Wikimedia Commons, CC BY 3.0.

그리스식 문어 요리

다. 오레가노와 레몬으로 비린내를 없애는 것이 정석이며 여기에 올리브유를 듬뿍 끼얹어 먹는다. 서유럽에서는 금기에 가까운 오징어나 문어도 이곳에서는 훌륭한 별미로 취급된다. 오징어튀김 '깔라마리'는 어린 오징어만을 사용해 부드러운 식감을 가졌고, 반건조 문어에 올리브유를 곁들인 '메인'이라는 요리도 술안주로 인기가 있다.

식재료가 다채로운 만큼 소설에는 다소 엽기적인 음식도 나온다. 갓 태어난 돼지를 통째로 조리한 애저 요리가 언급되기 하면, 마을 사람들이 돼지를 잡는 날 '나'와 조르바가 먹게 되는 부위는 바로 고환이다. 소나 돼지, 닭의 고환은 문화권을 막론하고 남성의 정력에 좋은 식품으로 알려졌다. 우리나라에도 소 고환을 이용한 우랑 요리가 있는데, 최근에는 송아지 때 거세하는 경우가 많아 맛보기 어려워졌다고 한다. 또한 세종대왕도 닭의 고환 요리를 즐겨 먹었다고 전해진다.

그리스 요리는 이탈리아, 터키, 스페인 등 주변국들의 영향을 많이 받았는데 이는 끊임없이 외침을 받아온 이 나라의 역사와 관련이 깊다. 여관 주인 오르탕스가 젊은 시절 다양한 나라 출신의 애인들을 뒀다는 것, 조르바 역시 각지를 유랑하면서 터키 전쟁에 참여하고 수많은 여자들을 만나왔다는 이야기는 크레타 지역의 복잡한 근대사를 상징하는 것으로 풀이할 수 있다. 물레를 돌리는 데 걸리적거린다며 손가락을 자르고, 즉흥 산투르 연주와 춤을 즐기는 조르바의 기행은 산전수전 다 겪어본 이의 초연한 삶의 방식을 보여준다.

그의 종잡을 수 없는 자유분방함은 차분하고 이성적인 성격의 '나'와 자주 충돌을 겪게 된다. 크레타에 머무는 동안 조르바는 동년배 여인인 오르탕스와 소위 '썸'을 타지만 사업상 이유로 출타한 후에는 마치 그녀의 존재를 잊었다는 듯, 편지를 통해 다른 여자들과 만나고 헤어진 이야기들을 늘어놓는다. 게다가 조르바가 일은 뒷전에 둔 채 술과 유흥으로 노잣돈을 탕진했다는 사실을 알고 조마조마해진 '나'는 오르탕스에게 "조르바가 당신에게 청혼했다"는 거짓말을 지어내기에 이른다. 빈털터리로 돌아온 조르바는 결국 자의 반 타의 반으로 그녀와 결혼식을 올린다.

조용하고 평화로운 분위기 속에서 흘러가던 이야기는 사순절이 끝나고 부활절 축제가 시작되는 날 파국을 맞이한다. '나'와 하룻밤 인연을 맺은 마을의 젊고 아름다운 과부 소멜리나는 그녀를 짝사랑하던 청년이 자살한 일을 계기로 사람들의 조리돌림 끝에 비참하게 살해당한다. 신혼의 꿈에 부푼 오르탕스 역시 갑작스럽게 폐렴에 걸려 사망한다. 사람들은 그녀의 시신이 식기도 전에 살림살이를 집요하게 털어가는 광기를 보인다.

결국 '나'와 조르바가 야심 차게 추진했던 광산 사업마저도 실패로 돌아가고 둘은 빈털터리가 되고 만다. 하지만 조르바는 그 절망적인 상황에서도 양고기를 굽고 와인을 마시며 함께 춤을 추자고 권한다. 장자가 아내를 잃던 날 동이를 두드리며 노래를 불렀다는 고사가 떠오르는 장면이다. 모든 것을 잃은 순간, 아이러니하게도 '나'는 조르바의 도움으로 진정한 해방감을 맛보게 된다. 두 사람이 해안가에서 춤을 추는 모습은 앤서니 퀸 주연의 동명 영화에서도 손꼽히는 명장면이다.

이들은 크레타섬을 떠나 각자의 길을 찾아 헤어진다. 이후에도 조르바는 종종 '나'에게 소식을 전하며, 죽음을 맞는 순간 분신과도 같은 산투르를 유물로 남긴다. 재미있는 사실은 소설 속 조르바가 실존 인물이며, 니코스 카잔차스키의 삶에 깊은 영향을 남겼다는 점이다. 크레타섬에 있는 니코스 카잔차키스의 무덤에는 "나는 아무것도 바라지 않는다. 나는 아무것도 두려워하지 않는다. 나는 자유다."라는 문구가 새겨져 있다.

거침없이 자유분방한 조르바의 삶의 방식을 오늘날의 기준으로 쉽게 이해하기란 어려울 것이다. 하지만 스스로를 사랑하고 현재에 충실한다는 이 작품의 메시지에는 인종과 문화를 뛰어넘는 보편성이 있다.

참고문헌

- 니코스 카잔차키스, 『그리스인 조르바』, 이윤기 옮김, 열린책들, 2009.
- 안남연, "『그리스인 조르바』에 나타난 인간의 자유와 삶의 의미", 『스토리앤이미지텔링』 제7호, 2014, pp.167~187.
- 『그랑 라루스 요리백과』, "그리스".
- Andrew and Rachel Dalby, Gifts of the gods: a history of food in Greece, Reaktion Books London, 2017.
- 〈그리스인 조르바〉 영화 정보, imdb.com
- greekproducts.com

Chapter 02

아프리카의 맛

크리스티앙 자크가 들려주는 고대 이집트의 삶

크리스티앙 자크의 『람세스』와 이집트 음식

구약성서 「창세기」 속 요셉은 이집트 파라오의 신임을 받고 곡식을 빌리러 온 형제들을 정착시킨다. 『일리아스』에 등장하는 메넬라오스와 헬레네는 트로이 전쟁이 끝난 후 이집트에 잠시 머물면서 극진한 대접을 받았다고 한다. 그런가 하면 절세 미녀였다는 이집트 여왕 클레오파트라는 나귀

젖으로 목욕을 하고 진주를 와인에 녹여 마시는 사치를 즐겼다.

이처럼 신화나 옛이야기에서 고대 이집트는 대부분 풍요롭고 부유한 땅으로 묘사된다. 실제로도 이집트 일대는 1년 내내 내리쬐는 태양과 나일 강이 주는 비옥함에 힘입어 인류 최초의 고대 문명이 일어나고 오랫동안 번영을 누려 온 곳이다. 특히 의학과 건축, 예술이 다채롭게 발달하며 수많은 유물을 남긴 덕에 고대 이집트는 각종 판타지 창작물의 무대로 인기가 높다.

프랑스 작가 크리스티앙 자크는 고대 이집트 왕국 중에서도 가장 번성했던 람세스 2세의 일대기를 그린 『람세스』로 국내에서도 큰 인기를 끌었다. 이 작품은 상·하 이집트 시대와 리비아, 히타이트와의 대립 등 실제 역사와 상상력을 절묘하게 섞어 흥미진진한 이야기로 펼쳐낸다. 그뿐만 아니라 작가는 본인의 전공(이집트학)을 살려 고대 이집트인들의 생활상을 디테일하게 묘사, 마치 타임슬립을 한 듯한 즐거움을 독자에게 선사한다.

이야기는 이제 막 소년에서 청년이 된 람세스가 교육 기관인 캅의 동기들과 교류하는 장면에서 시작된다. 처음으로 바깥세상 구경에 나선 그가 찾은 곳은 바로 맥줏집이다. 맥주는 인류가 본격적인 농경을 시작하기도 전인 1만 4천여 년 전부터 존재했을 만큼 역사가 유구한 음료다. 고대 이집트 제1왕조 시절에는 한 번에 2만 2,000 리터의 맥주를 생산하는 대형 양조장까지 있었다고 한다. 따라서 람세스가 살았던 신왕조 때는 이미 대중적인 음료가 됐을 것으로 추측이 가능하다.

다만 그 당시의 맥주는 오늘날 사람들이 마시는 맑은 액체와는 달랐다. 곡물을 그대로 발효시켜 죽과 같은 걸쭉한 형태로, 불순물이 많아 거름망을 단 갈대 혹은 금속 빨대를 이용해 마셨다고 한다. 고대 이집트 사람들은 보리를 이용해 빵을 구운 후 물에 부수어 풀거나 죽을 쑤어서 항아리에 붓고, 차가운 벽면 아래서 자연 발효시켜 떠오르는 술을 마셨다. 기본적으

맥주를 마시는 시리아 용병의 모습을 묘사한 비석
사진 출처: Vassil on Wikimedia Commons, CC0 1.0.

로 맥주와 빵은 발효 과정이 동일하며, 빵으로 만드는 알코올음료는 러시아의 크바스 같은 형태로 현대에도 남아 있다.

이집트에서 일찍 문명이 발달하고 또 주변 지역에 비해 풍요를 누릴 수 있었던 이유는 나일강이 주기적으로 범람하며 농사에 큰 도움을 주었기 때문이다. 나일강 상류 에티오피아 고원지대에서는 5월경 계절성 폭우가 내리며 강이 범람한다. 9~10월쯤에 나일강 하류 이집트에 도달할 무렵이면 영양소가 풍부한 부엽토, 부식토가 하류 지역에 운반된다. 강이 범람하는 시기가 일정하므로 사람들은 강물에 잠겼던 비옥한 땅에 농사를 짓고, 물이 닿지 않는 곳에 주거지를 마련할 수 있었다고 한다.

고대 이집트인들의 주식은 밀과 보리, 귀리 등 곡물이었다. 오늘날 남아 있는 현지의 고분 벽화 등을 보면 전분질의 에머 밀emmer wheat을 절구로 빻아 가루 내고, 토기를 데우며, 반죽을 하는 일련의 과정이 상세하게 묘사돼 있다. 초창기 밋밋한 맛의 반죽만을 구워 먹던 인류는 물을 부이 효모를 활용하는 방법을 알아냈고, 이전보다 따끈하고 부드러운 빵을 만들어 먹을 수 있게 됐다. 람세스 3세 시절의 기록에는 아마도 인류 최초일 파업도 등장하는데, 이유는 토목공사 때 빵을 지급하지 않았다는 것이었다.

맥주 외에 상류층의 음료로는 와인이 있었다. 포도즙을 단지 안에 넣고 뚜껑을 닫은 뒤에 진흙을 원뿔 모양으로 쌓아서 단지의 빈틈을 막았다. 포도당이 알코올로 분해되는 과정에서 탄산가스가 발생하면, 단지에 작은 구멍을 뚫거나 가는 갈대를 끼워서 가스를 뺐다가 다시 밀봉해 발효시킨다. 다만 이집트의 더운 날씨 때문에 포도즙은 빨리 시어버리는 일이 많았고, 미세한 구멍이 있는 토기로는 저장에 한계가 있었다고 한다. 이런 이유로 담가서 바로 마셨던 그 시절의 와인은 보졸레 누보와 비슷하게 묵직하지 않고 산뜻한 맛이었을 것으로 추측된다. 와인이 상하지 않도록 단지 뚜껑에 와인 제조자와 생산지, 만든 날짜 등을 기록했고, 이것이 인류 최초의

와인 라벨이라 할 수 있다.

부식으로 먹은 것은 기름진 땅에서 자라나는 각종 채소와 과일, 그리고 나일강의 물고기와 가금류 등이었다. 소설 속 묘사에 따르면 이집트인들은 상추와 오이를 비롯해 병아리콩이나 누에콩, 완두 등 각종 콩류를 요리에 활용하고 있다. 상추는 스태미나를 돋우는 식물로 여겨졌고, 콩은 양파, 마늘, 향신료와 섞어 수프로 많이 먹었다. 피라미드를 짓는 노동자들이 더위를 이기기 위해 양파와 마늘을 먹었다는 이야기는 유명하다.

과일로는 당분이 풍부한 대추야자와 여성의 건강에 좋다는 석류, 여왕에게 바쳐진 과일이라는 무화과 등이 있다. 왕족이나 부자들은 꿀로 반죽한 과자를 즐기기도 했는데, 기록에는 식물의 덩이줄기로 '기름골'이라고도 불리는 타이거넛과 벌꿀로 만든 원뿔 모양의 케이크 레시피가 남아 있다. 양봉이 성행했던 만큼 벌꿀은 비교적 쉽게 얻을 수 있는 식품이었다고 한다. 또한 이들은 소나 염소에게서 얻은 젖을 식용했고 치즈 같은 발효식

품도 만들어 먹었다.

이집트에서 잡히는 물고기로는 농어나 메기, 숭어 등이 있었다. 생선은 굽거나 말려서 먹었는데, 오늘날에도 흔한 틸라피아(민물돔)는 이미 이때부터 양식이 행해졌다고. 거위, 비둘기, 오리, 메추라기 같은 가금류와 그 알도 식용됐다. 이집트 사람들은 거위 지방을 요리에 사용하는가 하면 거위를 살찌워 그 간을 푸아그라로 만들기도 했다. 세계 3대 진미로 꼽히면서 동물 학대 논란이 있는 푸아그라는 생각보다 훨씬 유서 깊은 음식인 셈이다.

음식에 맛을 더하는 식용유와 향신료도 오늘날 못지않게 그 종류가 다양했다. 식용유는 참깨, 아마씨, 피마자 등에서 얻었다. 식재료의 부패를 막기 위해 식초도 썼던 것으로 보이며 조미료는 소금 외에 노간주나무 열매인 주니퍼베리와 아니스, 고수, 커민, 회향, 호로파 및 양귀비씨, 딜 등을 다양하게 요리에 사용했다고 한다.

한편 『람세스』의 주인공인 람세스 2세는 이집트 역사상 가장 강한 권력을 휘두르며 전성기를 이끈 인물이다. 역사상 기록을 보면 그는 20세경 왕위를 물려받았고, 그 후 60년 이상 이집트를 통치했다. 또한 람세스는 신도시 피람세스의 아부심벨 대신전을 비롯한 대규모 건축물을 지으면서 수많은 이야깃거리를 남긴 왕이다.

크리스티앙 자크는 실존 인물인 람세스 2세의 이야기에 가상의 요소를 넣어 '팩션'에 가까운 작품 『람세스』를 탄생시켰다. 메넬라오스와 헬레네가 이집트 땅에 머무르면서 벌어지는 일들, 캅에서 동문수학한 사이이면서 나중에는 적으로 돌변하는 모세의 이야기 등은 작가의 상상력이 반영된 부분이다. 역사학자들은 크리스티앙 자크의 작품을 두고 "허구적인 면이 많으며 독자가 소설을 실제 역사로 착각할 수 있다."며 비판하기도 한다. 내용 전반이 서구인의 시각에서 쓰인 만큼 인종차별 논란도 피해 갈 수 없는

시장에 진열된 이집트 향신료들 / 사진 출처: Michael Caven on Flickr, CC BY 2.0.

단점이다. 그럼에도 불구하고 역사책에서나 접하던 수천 년 전 사람들의 생생한 삶을 마치 영화처럼 보여준다는 점에서, 『람세스』는 역사 마니아라면 꼭 한번 읽어볼 만한 소설이다.

참고문헌

- 크리스티앙 자크, 『람세스』 1~5권, 김정란 옮김, 문학동네, 2016.
- 조르조 페레로, 『이집트 - 고대 문명의 역사와 보물』, 김원옥 옮김, 생각의나무, 2007.
- 요시무라 사쿠지, 『파라오의 식탁』, 오근영 옮김, 푸른미디어(푸른산), 2000.
- 〈곽민수의 고대 이집트 기행〉, 《서울신문》, 2018~2022.
- Sharon LaBorde, Following the Sun: A Practical Guide to Egyptian Religion, Lulu.com, 2017.

틀리지 않은, 다른 것을 향한 희망의 꽃

치마만다 응고지 아디치에의 『보라색 히비스커스』와 나이지리아 음식

LGBT 사회운동을 상징하는 무지개 깃발은 빨강, 주황, 노랑, 초록, 파랑, 보라색으로 성적 지향의 다양성을 존중하자는 의미를 담고 있다. 인류가 추구하는 가치는 무지개처럼 서로 다른 빛깔을 지닐 수 있다는 것이다. 나이지리아 출신의 작가 치마만다 응고지 아디치에Chimamanda Ngozi

보랏빛 히비스커스 / 사진 출처: Lakshmi Sawitri on Flickr, CC BY 2.0.

Adichie는 2003년 출간된 첫 장편 『보라색 히비스커스』를 통해 자신만의 색깔을 찾기 위해 고군분투하는 한 소녀의 이야기를 담아냈다.

작품의 배경은 나이지리아의 한 상류층 가정이다. 주인공 남매, 자자와 캄빌리는 겉으로 보기에는 나무랄 데 없는 환경에서 살아가고 있다. 진보 성향의 언론사와 몇 개의 공장을 가진 아버지 유진은 가난과 인종 차별을 딛고 자수성가해 많은 이들의 존경을 받는 입지전적인 인물이다. 정치, 경제적 이유로 혼란을 겪는 주변 사람들과 달리 두 아이는 부족함 없는 금수저로 자라난다.

하지만 이들 가족의 평화는 어디까지나 껍데기에 불과하다. 어머니는 남편의 지속적인 폭력으로 아이를 유산하고, 자자와 캄빌리는 아버지가 정해

『보라색 히비스커스』의 배경이 되는 나이지리아 에누구주의 중심지 풍경
사진 출처: Bibiire1 on Flickr, CC BY-SA 4.0.

놓은 틀 안에 갇힌 채 순종만을 강요받는다. 교회와 지역사회에서 성자처럼 떠받들어지는 유진이지만, 집 안에서 그는 무자비한 폭군이며 자신과 다른 목소리를 철저히 외면하는 이중성을 갖고 있다. 그러던 어느 날, 침묵하던 캄빌리 남매는 가난하지만 자유로운 영혼을 지닌 이페오마 고모 가족과 지내며 아버지가 지배하는 굳건한 세계에 작은 균열을 내기 시작한다.

두 집안의 환경 차이를 나타내주는 소재로 작가는 음식을 자주 활용한다. 크리스마스를 맞아 캄빌리 가족은 두세 대나 되는 외제 차에 참마와 쌀, 플랜틴 바나나 같은 식료품에 값비싼 양주 등을 싣고 길을 나선다. 시장에서 간식거리를 파는 행상인들과 고향 마을 저택을 찾은 사람들에게 아버지는 돈과 음식을 아낌없이 베푼다. '오멜로라(고장을 위해 일하는 자)'라는 존칭을 가진 아버지 유진의 모습은 이들에게 마치 빛나는 태양처럼 보였을 것이다.

그러나 가톨릭으로 개종을 거부한 남매의 할아버지, 파파은누쿠를 대하는 유진의 태도는 얼음장보다 더 싸늘하다. 전통 신앙을 존중하는 부친의 존재는 그에게 '불경한 이교도'에 불과하며 혹시라도 아버지가 자신의 두 아이에게 영향을 미칠까 극도로 경계하는 모습을 보인다. 이에 대학교수인 고모 이페오마는 성모 발현지를 보여주겠다며 오빠를 어렵게 설득, 자자와 캄빌리를 자신의 집으로 데려간다.

남매가 지내던 호화로운 대저택에 비해 소도시에 있는 고모의 집은 어수선하고 복잡하다. 전기와 가스 사용도 불편한 데다 온 가족이 다 함께 나서서 집안일을 거들어야 한다. 고기가 식탁에 오르는 일은 흔치 않으며, 본가에서는 간식으로나 먹던 메뉴가 이곳에서는 한 끼 식사가 된다. 그럼에도 자유롭게 의사를 표현할 수 있고, 규율에 얽매이지 않는 사촌들의 생활은 어린 캄빌리에게 낯설고도 부럽다. 이들은 아버지의 명을 거역하고 파파은

나이지리아에서 흔히 쓰이는 식재료. 맨 왼쪽이 푸푸를 만드는 데 쓰이는 카사바다.
사진 출처: Bukky658 on Wikimedia Commons, CC BY-SA 4.0.

푸푸와 채소 수프, 졸로프 라이스 / 사진 출처: Eugen Kim on Flickr, CC BY 2.0.

누쿠와 즐거운 시간을 보내지만 찰나의 행복은 생각지 않은 결과를 가져온다.

나이지리아에서 태어나고 자라 미국에서 학업을 마친 저자 아디치에는 본인의 어린 시절 식사를 반영한 듯한 서아프리카 가정식 메뉴를 소설에서 상세하게 묘사한다. 요루바족과 함께 나이지리아 국민의 5분의 1가량을 차지하는 이보족의 대표 주식은 카사바나 옥수수전분으로 만든 '푸푸fufu'다. 겉모습은 쌀가루를 쪄낸 떡처럼 생겼지만 더 찐득한 식감이며 그 자체로는 아무 맛이 나지 않고 수프를 찍어 삼키듯 먹는다. 타피오카의 재료가 되는 카사바 덩이줄기 가루를 발효시켜 익힌 낟알 모양의 '가리'는 재료와 발효 여부에 따라 맛이 조금씩 다르다.

쌀은 '얌'이라고도 불리는 참마, 카사바에 비해 조금 더 고급스러운 식재료다. 길쭉하고 푸석한 아프리카 쌀은 그냥 익히기보다는 코코넛 밀크 같은 부재료를 넣어 맛을 낸다. 토마토와 채소, 고기 등을 넣은 졸로프 라이

생선을 곁들인 졸로프 라이스

스는 우리나라 사람들에게도 비교적 친숙한 메뉴로 매콤한 양념이 한국인의 입맛에도 잘 맞는다. 대량으로 지은 졸로프 라이스는 가나, 나이지리아 등 서아프리카 지역의 결혼식이나 잔칫상에서 흔히 볼 수 있다.

주식에 곁들여 먹는 수프 종류가 발달한 것도 나이지리아 요리의 특징이다. 캄빌리 가족은 끈적한 푸푸에 멜론 계통의 씨앗인 에구시와 토마토, 시금치, 오크라를 넣은 '오베 에구시'를 찍어 먹는다. 약간 매운맛이 나는 에구시는 외국인들도 쉽게 친해질 수 있는 음식으로 꼽힌다. 쓴맛이 강한 오누그부(영어로 bitterleaf) 잎을 듬뿍 넣은 '오페 오누그부', 메기에 참마, 호박잎과 비슷한 우타지 잎, 말린 가재 가루가 들어간 '오페 은살라' 외에 다

나이지리아 델타주에 위치한 아바보 시장의 풍경. 플랜틴 바나나와 파인애플이 눈에 띈다.

이어트식으로 최근 각광받는 오그보노(wild mango), 오크라 등이 수프에 자주 쓰이는 재료들이다.

여성의 손가락을 닮았다고 해서 '레이디핑거ladyfinger'라는 별명을 가진 오크라는 일본인들도 즐겨 먹는데, 각종 국물 요리에 끈적한 점성을 더해 준다. 바나나의 일종인 '플랜틴'은 잠시 이마트에서 판매된 적이 있으며, 단맛이 적고 단단해 다른 과일처럼 생으로 먹기보다는 굽거나 튀겨서 채소처럼 먹는다. 얌이나 카사바를 비롯한 이들 식재료는 서아프리카에서 미국으로 건너가 이른바 '소울 푸드'의 재료가 됐으며, 북미뿐 아니라 멕시코나 브라질 등 각 지역의 음식 문화에 적지 않은 영향을 미쳤다.

간식류나 별식으로는 작품의 배경이 되는 에누구주 나인스마일의 특산품 '옥파'를 들 수 있다. 옥파는 낙화생 완두콩이라고도 불리는 밤바라땅콩 가루에 야자유, 잘게 썬 빨간 피망을 넣고 뜨거운 물에 개어, 바나나잎으로 만든 주머니에 붓고 삶아 만든 빵이다. 100그램당 367킬로칼로리 이상으로 열량이 높은 밤바라땅콩은 열대 아프리카의 식생활과 경제에서 매우 중요한 역할을 하고 있다. 옥수수 전분을 발효시켜 물에 붓고 끓였다 식힌 '아가디' 역시 바나나잎으로 싼 간식이다.

캄빌라의 어머니가 성당 사람들에게 대접하는 '모이모이'는 동부콩과 고추, 양파, 육두구, 잔새우에 물을 붓고 곱게 갈아낸 후, 잘게 다진 훈제 생선이나 삶은 달걀 같은 건더기를 넣고 찐 것이다. 이 때 반죽을 바나나 잎이나 알루미늄 포일, 나일론 주머니로 감싸거나 1인용 그라탱 그릇을 이용해 조리한다. 가벼운 스낵의 일종인 '친친'은 밀가루에 달걀을 넣고 반죽해 정사각형으로 잘라 튀긴 달콤한 과자를 말한다.

꼬치 요리인 '수야'와 '아카라'는 나이지리아의 대표적인 길거리 간식이다. 수야는 생선이나 쇠고기 또는 닭고기를 양념해 굽는다. 동부콩 반죽을

달걀과 생선을 넣고 쪄낸 모이모이
사진 출처: Aderiqueza on Wikimedia Commons, CC BY-SA 4.0.

공 모양으로 빚어 코코넛 오일에 튀긴 후 반으로 갈라 새우와 토마토 등으로 만든 매콤한 페이스트를 발라 먹는 아카라도 별미로 꼽힌다. 우리나라에서는 이태원 일부 식당에서 서아프리카 음식을 취급하고 있지만, 재료 수급이 쉽지 않은 탓에 본국에 비해 가격은 비싼 반면 맛은 떨어진다고 한다.

작품의 제목이기도 한 히비스커스는 무궁화와 비슷한 모양의 꽃으로 미국 하와이주의 주화州花다. 히비스커스는 대부분 루비색에 가까운 새빨간 빛깔로, 말려서 차로 우려내면 고운 색이 솟아난다. 설탕이나 시럽을 첨가하지 않아도 은은한 단맛이 나는데, 최근에는 다이어트와 피부 미용에 좋다고 해서 대형 마트나 커피 전문점에서 흔히 볼 수 있다. 캄빌라 남매가 키워내는 보라색 히비스커스는 이전과는 다른 삶에 대한 동경을 상징하는 소재로 중요한 의미를 갖는다.

아이들이 아버지 몰래 가져온 히비스커스 꽃처럼 변화와 균열은 사소한 일상의 흔들림에서 시작된다. 오빠 자자는 성체를 거부함으로써 가톨릭 근본주의자인 아버지의 권위에 맞서고, 그저 무력하게 폭력에 당하고만 있는 줄 알았던 어머니 역시 남모르게 반란을 준비하고 있었다. 다소 비극적인 방식이기는 하지만, 세 사람은 어렵게 자유를 찾게 되며 희망과 두려움이 뒤섞인 내일을 준비한다. 저자인 아디치에는 이 이야기를 통해 아직도 세계 곳곳에 만연하는 여성에 대한 폭력을 고발하는 동시에, 고난 속에서도 포기할 수 없는 가치들을 역설하고 있다.

참고 문헌

- 치마만다 응고지 아디치에, 『보라색 히비스커스』, 황가한 옮김, 민음사, 2019.
- 〈하이 온 더 호그〉, 넷플릭스.
- Igor Cusack, "African Cuisines: Recipes for Nation-building?", Journal of African Cultural Studies, Vol.13, No.2, 2000, pp.207~225.
- African Food Network
- "Chimamanda Ngozi Adichie", britannica.com

GREENLAND
CANADA
UNITED STATES
BRAZIL

Chapter 03

아메리카의 맛

소설 속에 박제된 탐험가의 로망

쥘 베른의 『15소년 표류기』와 남미의 식재료

'오지 먹방'의 주인공 베어 그릴스
이미지 출처: The National curches Trust on Flickr, CC BY 2.0.

디스커버리 채널에서 방영된 〈Man vs Wild〉와 〈Worst-case scenario〉에서 '생존왕' 베어 그릴스가 오지를 무대로 펼치는 모험은 마치 로빈슨 크루소를 실시간으로 보는 듯한 긴장감과 흥미를 준다. 무엇보다 시청자의 눈길을 끄는 장면은 먹을 것을 구하기 힘든 환경에서 그가 선보이는 온갖 엽기적인 먹방일 것이다. 생존왕은 사자가 먹다 남긴 얼룩말 시체를 뜯어 먹고 물뱀의 머리를 잘라 산 채로 먹는가 하면, 거미와 온갖 벌레들도 '귀중한 단백질원'이라며 태연하게 입에 넣는다.

그에 비하면 쥘 베른의 1888년작 소설 『15소년 표류기』에 등장하는 오지 먹방은 훨씬 정상적이고 호화스럽기까지 하다. 아무래도 등장인물들이 부잣집에서 자란 청소년이라는 점을 감안한 듯하며, 이 경우는 기본 식량을 갖춘 상태에서 모험을 시작했다는 점에서 생존왕과 차이가 있다.

선원들의 보관 식량인 쉽비스킷. 대항해시대 버전의 건빵이다.
사진 출처: Reptonix free Creative Commons licensed photos on Wikimedia Commons, CC BY 3.0.

원주민들은 다닐 수 없는 뉴질랜드의 백인 학교 '체어맨'에 재학 중인 열네 명의 소년들이 항해를 계획하는 데서 소설은 시작된다. 이들은 방학을 맞아 친구 아버지가 빌려준 요트를 타고 남태평양 연안을 느긋하게 항해할 계획이었다. 그런데 출발 전날, 선원들이 소년들을 남겨둔 채 술을 마시러 간 사이에 웬일인지 배를 묶은 밧줄이 풀려 버리고, 폭풍까지 만난 배는 어느 낯선 섬에 좌초한다.

소년들 중 가장 나이가 많고 꼼꼼한 성격의 고든은 건빵과 통조림, 햄, 비스킷, 콘비프와 와인, 맥주, 브랜디, 위스키, 진 등의 물품을 빠짐없이 기록하고 식량 자급 계획을 세운다. 이 부분에서 '청소년들이 무슨 술을?' 하고 의아해할 독자들이 있을 텐데, 당시 항해하는 선원들에게 술은 필수품에 가까웠다. 통이나 병에 넣어 저장한 물은 가만히 두면 물이끼가 끼거나 썩기 쉬운데 약간의 술을 타면 물이 변질되는 것을 막을 수 있기 때문이다. 그 바람에 선원들은 항상 조금씩 취한 상태로 지냈다고 한다.

지금은 군용 식량으로 더 친숙한 건빵은 항해 중 장기간 보관할 수 있는 식량이었는데, 문제는 보관 중 바구미가 낀다는 것이었다. 선원들은 에라 모르겠다, 하며 그냥 먹거나 물에 담가 기어 나오는 바구미를 제거하고 먹었다고 한다. 뱃사람들이 성질 사납고 거칠다는 속설은 이렇게 열악한 식량 사정에서 나온 게 아닌가 싶다. 작품의 배경이 된 칠레의 하노버섬 지도. 칠레 고비에르노 지도 제작소가 1910년 출판한 『아틀라스 센테나리오Atlas

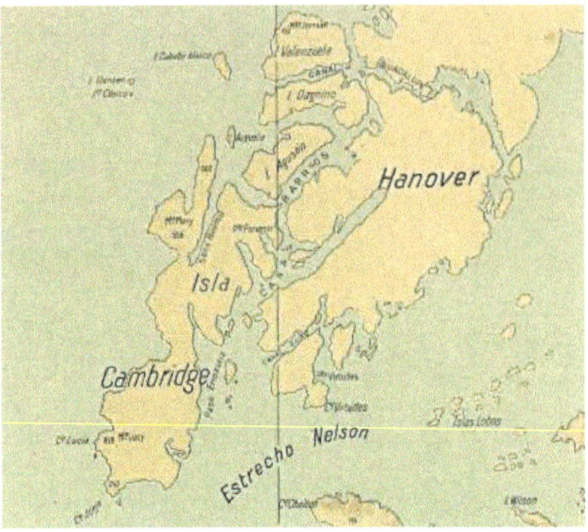

작품의 배경이 된 칠레의 하노버섬 지도.
칠레 고비에르노 지도 제작소가 1910년 출판한
『이틀리스 센테나리오Atlas Centenario』의 일부다.

Centenario』 의 일부다.

어쨌든 부족한 식량을 보충하기 위해 소년들은 사냥과 채집에 나서고, 낯선 식재료를 그럴듯한 요리로 바꿔놓는 이는 소년들 중 유일한 흑인이자 견습 선원인 모코다. 모코는 체어맨 학생들이 주워 온 홍합이나 대합을 맛있게 양념해 내놓는가 하면, 이름도 생소한 섬 안의 동물들을 재료 삼아 근사한 만찬을 차려낸다.

메추라기에 능에, 명메기, 숲비둘기, 남극기러기 같은 새를 비롯해 설치류인 투코투코, 마라, 피치(아르마딜로의 일종), 페커리, 과슐리(사슴과 비슷한 동물) 같은 이름들을 읽고 있으면 마치 〈정글의 법칙〉의 한 장면을 보는 듯하다. 집채만큼 큰 바다거북도 '귀중한 단백질원'으로 활용된다. 뿐만 아니라 영양과 비슷한 비쿠냐의 젖, 온갖 새들의 알, 호수와 바다에서 잡은 송어와 강꼬치고기, 연어, 대구 등도 한창 왕성한 소년들의 식욕을 채우기에 부족함이 없다.

심지어 소년들은 섬 구석구석을 탐험하며 각종 기호품까지 찾아낸다! 남미 인디오들이 좋아한다는 트롤카와 알가로브라는 열매를 이용해 술을 담그고, 너도밤나무 껍질을 계피 비슷한 향신료로 쓴다. 자작나무에서 당분(자일리톨의 원료인 바로 그 당분이다)을 보충하다 사탕단풍나무에서 시럽을 얻고, 페르네티아라는 나무의 잎을 따서 차로 마신다. 소년들 대다수가 영국인인 만큼 차 없이는 못 사는 점을 반영한 듯하다. 그러고 보니 생존왕 베어 그릴스도 식량만큼 열심히 찾아다니는 것이 차를 대신할 나뭇잎이다.

대미를 장식하는 식량 자원은 '암소나무'라고 불리는 갈락텐드론이라는 나무인데, 수액이 우유와 흡사하다. 실제로 남미 원주민들이 즐겨 마신다는 이 수액은 우유보다 영양가가 높아 걸쭉하고 진한 느낌이라고 한다. 수액을 굳히면 맛있는 치즈 같은 상태로 변하며, 초를 만드는 왁스로 활용할 수도 있다. 이 나무의 존재가 세계적으로 알려졌다면 채식주의자들도 가책(?) 없이 유제품을 먹을 수 있었을지 모르겠다.

갈락텐드론에서 수액을 얻는 모습.
이미지 출처: 레옹 베넷이 그린 『15소년 표류기』 삽화

섬에서 맞는 첫 번째 크리스마스가 다가오자 모코는 솜씨를 발휘해 호화로운 파티 음식을 준비한다. 만찬 테이블에는 아구티찜과 메추라기 레드와인 스튜, 향채를 넣고 구운 토끼고기, 능에 구이, 채소 통조림, 코린트산 건포도와 브랜디에 담근 알가로브 열매를 넣은 푸딩, 보르도산 와인에 셰리주, 홍차와 커피까지 등장한다. 이쯤 되면 낯선 섬에서의 모험이라는 작품의 배경을 깜빡 잊을 정도다.

다만 야생 셀러리를 제외하고는 신선한 채소가 부족해 통조림으로 대신한다는 대목이 나온다. 만약 이들이 아시아에서는 들풀을 나물로 이용하고, 해초를 식용으로 쓴다는 것을 알았다면 어땠을까. 확실히 이 대목에서는 『15소년 표류기』가 철저히 백인의 시각으로 쓰였음을, 그리고 당시의 서구인들이 아시아 문화에는 상당히 무지했다는 사실을 새삼 확인할 수 있다.

레옹 베넷이 그린 『15소년 표류기』 삽화

게다가 유일한 흑인 캐릭터이자 섬의 셰프인 모코는 다른 백인 소년들에게 존대를 하고, 섬의 대통령을 뽑을 때는 투표권조차 얻지 못한다. 무인도라는 환경에 어울리지 않을 정도로 호화로운 식사는 오롯이 모코의 손에 의해 만들어졌음에도 불구하고 인종 차별 앞에 그의 수고는 무용지물로 취급되고 만다. 19세기를 배경으로 한 소설이니 어쩔 수 없는 면은 있지만…

그리고 이 작품을 그저 순수한 모험소설로만 읽기에는 여러모로 찜찜한 구석이 많다. 소년들은 섬의 곳곳에 자기네 나라 지명을 따서 붙인다. 오늘날 남태평양의 여러 섬들이 생뚱맞게 '크리스마스섬', '빅토리아섬' 같은 서양식 이름을 갖게 된 이유가 무엇이었을까. 아프리카의 국경이 자로 잰 듯 반듯한 모양을 갖고 있는 이유는 또 뭘까. 따지고 보면 이들은 자신들의 아버지인 백인 제국주의자들이 탐험과 개척이라는 이름으로 저지른 만행을 그대로 답습하고 있는 셈이다.

또 작품의 후반부에서 악당과 마주친 소년들은 적의 가슴에 탄환을 꽂아 넣기를 주저하지 않는다. 물론 생명을 위협당하는 상황이었다고는 하지만 엄연한 살인인 것이다. 오히려 어른이 아닌 아이들이었기에 적을 죽이는 데 가책과 망설임을 덜 느꼈을지도 모르겠다. 비행기를 타고 가던 한 무리의 소년들이 무인도에 불시착하며 벌어지는 이야기를 다룬 윌리엄 골딩의 소설 『파리대왕』과 비교해서 읽어보아도 『15소년 표류기』의 소년들이 결코 선하고 순수하지만은 않다는 점을 깨닫게 된다.

『15소년 표류기』 초판 삽화

그밖에도 소수의 아이들만 모여 사는 집단에서 굳이 '대통령'을 뽑으려 하는 점, 그리고 프랑스인인 브리앙과 영국인 도니펀의 갈등을 현실 사회의 기준으로 보면 뭔가 미묘함이 느껴진다. 작가인 베른은 인간, 그중에서도 남성들이 상호 수평적인 관계보다 수직적인 인간관계에 익숙하며 권력과 서열을 중시하는 본성을 갖고 있음을 소년들의 권력 구도와 갈등을 통해 보여주고 있다고 추정할 수 있다.

'대영제국'으로 대표되는 서구 열강의 식민지 확장은 2차 대전의 종료와 함께 종료되었다. 그리고 유럽인들이 19~20세기에 전 세계를 누비며 저지른 각종 만행들은 제3세계 국가들이 성장하면서 호된 비판을 받고 있다. 베어 그릴스의 TV 속 모험에 영국인들이 열광하는 것은 잃어버린 정복과 탐험의 시대에 대한 향수라고 해석할 수도 있겠다. 오늘날 장르 문학에서 『15소년 표류기』가 차지하는 위치도 이와 비슷하지 않을까.

참고문헌

- 쥘 베른, 『15소년 표류기』, 김석희 옮김, 열림원, 2022.
- 〈인간과 자연의 대결Man vs Wild〉, 디스커버리 채널, 2006~2011
- 『해외저자사전』 중 "쥘 베른".
- David Fictum, "Salt Pork, Ship's Biscuit, and Burgoo: Sea Provisions for common Sailors and Pirates", Colonies, Ships and Pirates, January 24 2016.
- Bruno Pappalardo, "What Did Sailors in the Georgian Royal Navy Eat?", historyhit.com, February 18 2019.

부엌의 여신이 펼쳐 놓는 몽환적인 맛과 사랑

라우라 에스키벨의 『달콤 쌉싸름한 초콜릿』과 멕시코 음식

2018년 개봉한 애니메이션 〈코코〉를 보면, 무려 4대에 이르는 대가족이 모여 살고 조상을 추모하는 행사가 있다는 점 등에서 멕시코 문화와 우리 문화의 유사성을 발견할 수 있다. 다만 차이가 있다면 가족을 이끌고 선대와의 가교 역할을 하는 인물이 여성이라는 것이다. 이는 제사를 주도하며 대를 잇는 주체가 남성으로 한정되는 한국식 가부장제와의 차이점이다.

가모장이 가부장을 대신하는 멕시코식 가족의 전통에 대해서는 여러 학설이 있다. 스페인에서 건너온 침략자들이 원주민 여성을 이른바 '현지처'로 삼고 자녀들을 나 몰라라 버려뒀다는 설, 그리고 전쟁과 혁명 등으로 혼란한 시기에 남자들이 대의를 위해 집을 떠나면서 아버지의 부재가 흔한 일이 됐다는 설 등이다. 어쨌든 남편 없이 자녀, 손주들까지 건사해야 했던 가모장은 강해질 수밖에 없었을 것이다.

라우라 에스키벨Laura Esquivel이 1990년 발표한 『달콤 쌉싸름한 초콜릿Como Agua Para Chocolate』은 20세기 초 멕시코 혁명 시대를 배경으로 한 여성의 고단한 삶을 담고 있다. 주인공 티타는 막내딸은 평생 결혼하지 않고 어머니를 모셔야 한다는 가문의 인습 때문에 첫사랑 페드로를 형부로 맞는 슬픔을 겪는다. 세 자매의 어머니이자 집안의 가모장인 마마 엘레나는 페드로를 사위로 맞은 후에도 끊임없이 두 사람을 감시하며 티타에게 억압과 폭력을 가한다.

하지만 '그럼에도 불구하고' 티타는 자신이 가진 신비한 힘으로 모든 고난

『달콤 쌉싸름한 초콜릿』 3부작 중 두 번째 소설인 『티타의 일기』
사진 출처: cdgard on Wikimedia Commons, CC BY-SA 4.0.

을 이겨낸다. 그 능력은 티타의 눈물이 섞인 웨딩 케이크가 결혼식에 참석한 모든 이들에게 슬픔을 전염시키면서 드러난다. 그런가 하면 페드로에게서 선물 받은 장미로 만든 소스는 사랑으로 들끓는 그녀의 피가 섞이면서 화학 반응을 일으킨다. 그러고 이날 넘치는 정열을 주체하지 못한 맏언니 헤르트루뒤스는 혁명군과 사랑에 빠져 감옥과도 같은 집에서 해방된다.

마마 엘레나는 티타의 요리가 일으키는 초자연적인 일들을 못마땅하게 여기고, 티타는 점점 더 심한 학대를 받게 된다. 어머니는 이로도 모자라 페드로와 로사우라 부부, 그리고 이들 사이에서 태어난 손자 로베르토를 다른 지역의 친척 집으로 보내 버린다. 갓난 조카를 돌보면서 전에 없던 행복을 누리던 티타로서는 유일한 기쁨을 빼앗긴 셈이다. 이후에도 마마 엘레나의 구박은 계속되고, 어린 로베르토가 목숨을 잃었다는 소식에 티타는 그만 절망하고 만다.

비둘기장에 갇힌 채 폐인처럼 살아가던 그녀를 꺼내 준 사람은 로사우라의 출산을 돕기 위해 라 가르사 집안을 찾아온 미국인 의사 존이었다. 존은 티타를 자신의 집으로 데려가 상처 입은 그녀의 몸과 마음을 정성껏 돌봐준다. 지극한 간호 덕에 티타는 조금씩 건강을 회복하고, 두 사람 사이에는 차츰 사랑의 감정이 싹튼다.

티타는 존의 마음을 받아들이며 두 번 다시 마마 엘레나에게 돌아가지 않겠다고 결심하지만, 애증의 대상이던 어머니가 혁명군의 침입으로 큰 부상을 입고 하반신 마비가 되었다는 소식에 결국 다시 고향을 찾는다. 이 와중에 마마 엘레나는 딸에게 끝까지 독설을 퍼붓다 생명을 다하며, 로사우라는 두 번째 아이를 낳은 후 불임의 몸이 된다. 티타는 실질적인 가장 노릇을 하면서 존과의 행복한 미래를 꿈꾸지만 첫사랑 페드로의 돌발적인 행동으로 인해 뜻하지 않은 상황에 놓이고 만다.

그리고 이야기는 세월을 건너뛰어 다시 결혼식 장면으로 이어진다. 하지만 결혼식의 주인공은 티타와 존이 아니다. 티타가 행복해지기를 원했던 독자들의 기대가 무색하게, 그녀는 이기적인 첫사랑 페드로와 평생 자신을 옭아매 왔던 가족을 완전히 버리지 못한다. 그 이유 중에는 조카인 에스페란자가 운명을 벗어나 자유로운 삶을 누리기를 바랐기 때문도 있다. 그녀는 화염보다

더 뜨거운 불길에 싸여 부조리하고 억압적인 현실과 이별한다.

이 소설은 일 년 열두 달을 챕터로 나눠, 매 장마다 특정한 메뉴를 소재로 이야기를 풀어 간다. 총 열두 개의 메뉴 중 대다수는 서양, 특히 스페인 요리의 영향을 받은 것들이다. 첫 장에 등장하는 크리스마스 파이, 그리고 주현절에 먹는 빵은 전형적인 가톨릭 전통의 산물이라 할 수 있다. 파이 하면 한국에서는 달콤한 디저트를 생각하지만 정어리 같은 생선이나 초리조를 넣어 한 끼 식사가 되는 종류도 많다. 우유 없이 밀가루에 달걀과 설탕을 듬뿍 넣어 만드는 차벨라 웨딩 케이크는 포르투갈에서 일본으로 건너가 우리에게도 친숙한 카스텔라와 비슷한 느낌이다. 초리조 역시 스페인식 소시지가 남미로 전래되면서 칠리 고추 같은 현지의 식재료가 추가된 것이다.

소설 속 다양한 요리에는 '칠리'라 불리는 고추가 거의 빠지지 않고 들어가는데 이는 자극적인 음식을 즐기는 멕시코인들의 식성에서 비롯된 것이다. 남미 원산의 고추는 최소 100여 가지 품종이 존재하는데 멕시코 사람들은 주로 안초, 카스카벨, 콜로라도, 물라토, 세라노, 쥐똥고추 등을 많이 먹는다. 활용법은 생으로 쓰거나 가루로 만드는 등 다양하며, 고추의 매운 성분은 풍미를 더할 뿐 아니라 음식의 보존성을 높이는 효과가 있다.

작품의 제목에도 쓰인 초콜릿의 원료 카카오는 디저트 외에도 그 쓰임새가 무궁무진하다. 잉카, 마야인들은 쓴맛이 강한 이 열매를 으깨 바닐라와 후추 등을 넣어서 자양강장 음료로 마셨다. 초콜릿의 어원인 '쇼콜라틀'도 사실은 '쓰다'라는 의미를 갖고 있다. 오늘날 남미 사람들은 핫 초콜릿을 마실 때 칠리 파우더를 넣는데, 추운 날이나 감기에 걸렸을 때 체온을 올려 주는 효과가 있다. 소설에 나온 것처럼 산모가 젖이 나오지 않을 때 마시기도 한다.

그런가 하면 각종 고기 요리 등에 쓰이는 몰레mole는 초콜릿에 정향, 계피, 양파, 마늘, 고추, 바나나 등을 섞어서 만든다. 한 수녀원에서 급한 손님 대

멕시코 요리에 두루 쓰이는 매운 칠리

초콜릿의 주원료인 카카오 열매
사진 출처: Rudolf Franchini on Wikimedia Commons, CC BY-SA 4.0.

를 끼얹은 부리토
출처: Shoshanah on Flickr, CC BY 2.0.

를 곁들인 치킨 요리
출처: Bex Walton on Flickr, CC BY 2.0.

접을 위해 남은 재료들로 만들었다는 이 소스에는 표준화된 레시피가 없다. 만드는 사람의 취향과 갖춰진 재료에 따라 그 내용이 달라지며 장이나 김치처럼 집집마다 고유한 맛을 지니고 있다. 한 가지 유념해야 할 사실은 몰레에 초콜릿을 넣는 건 단맛을 더하기 위해서가 아니라 소스 맛을 더 깊게 만들기 위해서라는 점이다.

한편 남미 음식에 빠질 수 없는 또 다른 재료가 이 지역의 천지창조 신화에까지 등장하는 옥수수다. 옥수숫가루를 빻아 만든 납작한 빵 토르티야는 우리로 치면 쌀밥과 비슷한 위치를 차지하는데, 각종 채소와 고기를 싸서 먹는 타코와 고기 소스를 뿌려먹는 엔칠라다, 삼각형으로 썰어서 튀긴 나초 등 다양한 변주가 가능하다. 멕시코에서는 수육과 비슷한 고기소와 소스, 실란트로라고 불리는 고수

멕시코 음식 중 가장 잘 알려진 타코. 오랜 시간 조리한 돼지고기를 잘게 찢은 카르니타스, 양념에 재워 구운 소고기 요리 카르네 아사다, 돼지고기를 양념하여 케밥처럼 꼬챙이에 끼워 구운 알 파스토르 등 다양한 요리가 타코의 재료가 된다.
사진 출처: Larry Miller on Flickr, CC BY-SA 2.0.

잎을 주로 넣는다. 이런 음식들이 북미 사람들의 입맛에 맞게 개량된 것이 이른바 '텍스-멕스Tex-Mex'로, 치즈나 사워크림 같은 고칼로리 재료들이 듬뿍 들어간다.

멕시코 등 남미 지역에는 원주민인 인디오들이 즐겨 먹던 식재료를 활용한 요리도 적지 않다. 가령 멕시코를 대표하는 술 테킬라는 용설란으로 만든 원주민들의 전통주 '풀케'를 증류한 것이다. 납작한 노팔 선인장은 가시를 제거한 후 구워 먹기도 한다. 소설 속에서 로사우라가 질색하는 설치류의 일종인 파카, 아르마딜로나 이구아나 같은 동물도 식용으로 쓰여왔다. 용설란에 기생하는 개미 유충은 '에스카몰레'라는 요리의 재료가 되는데, 1년에 한번씩만 유충을 채집할 수 있어 '곤충계의 캐비아'라는 별명을 갖고 있다. 다만 이런 음식들은 현대에 와서 위생 등의 문제로 조금씩 사라지는 추세라고 한다.

다시 작품 이야기로 돌아가면, 『달콤 쌉싸름한 초콜릿』은 페미니즘 문학의 정수이면서 남미 문학 특유의 몽환적인 분위기를 흥미롭게 풀어낸 소설로 높은 평가를 받고 있다. 또한 오감을 자극하는 음식 이야기는 마치 티타가 펼쳐내는 마법처럼 읽는 이를 빠져들게 만든다. 일부 독자는 개연성이 떨어지는 부분들을 지적하기도 하지만, 티타가 자신에게 완벽하게 헌신할 남자 존 대신 애증의 대상인 페드로 곁에 남는다는 결말에서 '왕자는 없다'는 역설적인 메시지가 느껴지기도 한다.

참고문헌

- 라우라 에스키벨, 『달콤 쌉싸름한 초콜릿』, 권미선 옮김, 민음사, 2004.
- 박희연 연출, 〈스트리트 푸드 파이터〉 Season 2, Episode 5, tvN, 2019. 10. 19.
- 『그랑 라루스 요리백과』 중 "멕시코".
- 우문호 외 5, 「멕시코」, 『글로벌시대의 음식과 문화』, 학문사, 2006.
- "Traditional Mexican cuisine - ancestral, ongoing community culture, the Michoacán paradigm", UNESCO Intangible Cultural Heritage.

미국 남부식 '먹방' 소설

마거릿 미첼의 『바람과 함께 사라지다』와 루이지애나 음식

영화 〈바람과 함께 사라지다〉의 한 장면
사진 출처: Rossano aka Bud Care on Flickr, CC BY 2.0.

한국의 '청순가련형 여성'에 해당하는 미국식 표현은 재미있게도 '남부 숙녀 Southern lady'라고 한다. 이들은 투명할 만큼 새하얀 피부에 부러질 듯 가는 허리를 자랑하며 툭하면 기절하고 식사를 거의 하지 않는 등 병약함을 매력으로 내세운다. 마거릿 미첼의 소설 『바람과 함께 사라지다』에 나오는 여성들과 유사한 이미지다.

주인공 스칼렛은 당시 사회가 요구하는 전형적인 여성상을 따르는 척하지만 그 내면은 자신의 욕망에 지극히 충실한 캐릭터로 깊은 인상을 남긴 인물이다. 그녀의 솔직 당당함을 보여주는 소재로 음식이 자주 쓰이며, 소설 속 다양한 음식들은 스칼렛이라는 인물의 성격을 보여주는 동시에 19세기 미국 남부의 사회상을 보여주는 장치로서도 재미를 준다.

비비안 리 주연의 영화를 본 이들은 파티에 가기 전 폭식 방지(!)를 위해 아침식사를 하는 스칼렛의 모습을 기억할 것이다. 바비큐 파티 음식을 잔뜩 기대하고 있던 그녀는 식사를 하고 가라는 유모의 말을 무시하지만 "멜라니 아가씨는 새처럼 조금 드시는데요."라는 일침을 듣고 억지로 음식을 먹는다. 그런데 억지로 먹는 사람 치고는 꽤나 식성이 좋아서 지켜보는 사람까지 군침이 돌게 만든다는 게 흥미로운 포인트다.

스칼렛의 아침 메뉴는 "메밀가루로 만든, 시럽이 뚝뚝 떨어지는 팬케이크와 그레이비 속에서 헤엄치는 햄 한 조각, 버터를 바르고 구운 큼직한 고구마"[9] 라고 묘사된다. 팬케이크는 말이 필요 없는 미국식 아침 식사의 기본 아이템이고, 그녀가 먹은 햄은 아마 우리가 아는 가공식품이 아니라 돼지고기에 다양한 시즈닝을 입혀 훈연한 가정식이었을 것이다. 제대로 만든 수제 햄은 상당한 고급 식품에 속하며, 특히 스페인의 하몽이나 중국 윈난성의 생햄은 돼지고기를 익히지 않고 통째로 소금에 절여 장기간 발효시키므로 손이 많이 가고 가격도 비싸다.

양식 조리사 자격증 시험의 기본 과제 중 하나인 그레이비는 고기를 구울 때 나오는 육즙에 소금 후추로 간을 한 뒤 밀가루나 전분을 넣어 걸쭉하게 만든다. 미국인들의 식탁에서는 그레이비를 듬뿍 끼얹은 고기나 감자 요리를

9) 마거릿 미첼, 『바람과 함께 사라지다』, 안정효 옮김, 열린책들, 2015, p.278.

흔하게 볼 수 있다. 한국에서도 오래전 KFC 사이드 메뉴였던 '매시트 포테이토'에 곁들여 나올 때가 있었는데 당시 한국인의 입맛에 맞지 않아서인지 몇 년 가지 않아 단종되었다가 2019년에는 포테이토 타르트에 그레이비를 곁들인 형태로, 2020년에는 그레이비만 소스 형태로 재출시되었다.

스칼렛의 아침 식사 메뉴 중 한국 독자들이 의아하게 생각한 메뉴가 하나 있었으니 바로 서양인들이 즐겨 먹지 않는 것으로 알려진 고구마다. 미국에서 고구마를 식재료로 이용하기 시작한 이들은 바로 아프리카계 노예들로, 고향에서 즐겨 먹던 얌yam(마의 일종)을 미국 땅에서 찾아볼 수 없자 그 맛과 식감을 대체하기 위해 고구마를 선택한 것이다. 이에 따라 'Sweet Potato'라는 이름도 'Yam'으로 바뀌어 소울푸드의 재료가 됐다. 미국 고구마는 우리나라 것처럼 포슬포슬하지는 않으며 진한 주황색에 훨씬 촉촉한 식감이다. 단맛이 적어 버터나 마시멜로, 시럽 등을 얹어 구워 먹는 얌은 추수감사절 단골 메뉴로도 꼽힌다.

진한 주황색의 미국산 고구마

소설의 배경이 되는 19세기 미국 남부는 농업이 발달한 지역이다 보니 북부에 비해 아무래도 식량 사정이 훨씬 나았으며, 그에 따라 음식의 종류도 더 다양했을 것으로 추측해 볼 수 있다. 엄격한 청교도적 분위기가 강했던 북부보다 식도락에 대한 인식도 더 긍정적이었을 것이다. 여기에 아프리카와 남미의 음식 문화가 혼합되면서 남부식 요리는 한결 다채롭게 발달한다.

이 작품에 처음으로 등장하는 음식은 탈레턴 쌍둥이 형제가 마시는 박하수이고, 그다음이 칵테일의 일종인 민트 줄렙이다. 상큼한 향의 민트는 햇살이 뜨거운 남부에서 더위를 씻어주는 데 더없이 좋은 식재료로 오늘날까지 애용된다. 민트 줄렙은 버번위스키에 잘게 다진 박하잎과 설탕을 넣고 차갑게 해서 마신다. 위스키 대신 럼주를 쓰고 라임이 들어가면 남미식 모히토가 된다. 한국에서는 생박하를 구하기 쉽지 않다 보니 파는 곳이 없었으나 모히토가 유행하면서 자연스럽게 줄렙의 존재도 알려졌다.

민트 줄렙
사진 출처: Will Shenton on Wikimedia Commons, CC BY-SA 3.0.

애슐리 가족이 사는 트웰브 오크스Twelve Oaks에서 열린 바비큐 파티 장면에는 흑인들의 소울푸드도 잠시 등장한다. 하인들만의 식탁에는 얌과 수박 외에 옥수수빵과 돼지 내장 요리가 오른다. 인종 차별이 심하던 시절에도 소수 민족들과 가까이 지냈던 작가 마크 트웨인은 수박에 대해 "천사가 먹는 음식"이라고 칭송한 바 있다. 옥수수빵이란 콘밀로 만들어 구운 호케이크hoecake를 말한다. 얇은 옥수숫가루 반죽을 괭이에 얹어 구운 호케이크는 제대로 요리할 시간이 없었던 흑인 노예들이 간단하게 끼니를 때우기 위해 생각해 낸, 팬케이크 비슷한 음식이다. 돼지 내장은 치털링chitterling, 그러니까 돼지 곱창(소장)이다. 흑인 노예들은 백인이 먹지 않는 내장에다 당근과 샐러리 같은 향미 채소와 허브를 넣고 푹 삶아 잡내를 없애거나 그대로 튀겨 먹었다.

스칼렛이 레트와 결혼하고 부유한 생활로 돌아가면서 작품 속 음식들도 한결 화려해진다. 특히 그녀는 신혼여행지인 뉴올리언스에서 말 그대로 맛의 신세계를 경험하며 즐거워한다.[10] 독주나 집에서 담근 과실주 정도만 알던 스칼렛은 이곳의 다채로운 와인과 샴페인, 리큐어의 매력에 빠져든다. 그녀가 고급 레스토랑에서 먹어치우는 메뉴들은 검보gumbo, 크리올식 새우 요리, 비둘기 와인찜, 굴 파이, 버섯과 송아지 흉선sweetbread, 칠면조 간, 라임을 얹은 생

먹성 좋은 스칼렛 오하라 / 이미지 출처: 영화 <바람과 함께 사라지다> 스틸컷

10) 식도락의 고장인 뉴올리언스의 특징이 잘 드러나는 다른 작품으로는 여주인공이 요리사의 딸로 나오는 디즈니 애니메이션 〈공주와 개구리〉 도 있다.

선 파피요트papillote등이다. "살찌면 이혼"이라는 레트의 말에도 아랑곳없이 스칼렛은 머랭에 초콜릿을 듬뿍 씌운 케이크로 식사를 마무리한다.

요리 이름에서도 알 수 있듯 이때 등장하는 메뉴들은 대부분 프랑스 요리의 영향을 받았으며, 실제로 현지에 가보아도 프랑스어식 이름이 많다. 루이지애나주가 한때 프랑스 식민지였기에 프랑스 문화의 흔적이 강하게 남아 있는 것이다.

루이지애나를 대표하는 메뉴 검보는 스튜의 일종으로 새우나 닭고기에 양파, 샐러리, 고추, 오크라, 토마토와 쌀을 넣어 푹 끓여 만든다. 쌀이 들어가는데다 양념이 매콤해서 걸쭉한 찌개를 먹는 느낌도 든다. 국물에 끈기를 주는 오크라는 풋고추와 비슷하게 생긴 아프리카 채소로, 앙골라어로 이 오크라를 검보라고 불러서 스튜의 이름도 검보가 되었다는 설이 지배적이다. 오크라를 썰어보면 작고 노란 씨앗이 들어 있는데, 그 끈적한 질감이 처음에는 다소 낯설 수 있다. 한국에서는 미국 남부 가정식을 전문으로 하는 프랜차이즈 레스

검보 / 사진 출처: jeffreyw on Flickr, CC BY 2.0.

토랑 '샤이바나'에서 판매되기도 했는데 지금은 메뉴에서 빠진 모양이다.

크리올 새우는 피망과 토마토, 양파, 샐러리에 새우를 넣고 볶은 요리를 말한다. 굴 파이는 파삭한 파이 크러스트 안에 굴과 샐러리, 양파, 당근 등을 넣은 크림소스를 채워 구운 음식이다. 굴이 비교적 저렴한 한국과 달리 서양에서는 굴이 값비싼 고급 음식이며 특히 생굴 요리는 부자들의 전유물이었다.

스위트브레드란 프랑스 요리에 주로 쓰이는 식재료로 어린 송아지의 흉선과 위 옆에 있는 췌장을 가리킨다. 식감은 매끄럽고 부드러우며 버터를 발라 구우면 풍성한 육즙 맛이 일품이다. 마지막으로 파피요트는 생선이나 고기에 소금, 후추, 허브 등으로 양념을 한 다음 유산지로 감싸 오븐에 익힌 것인데, 밀봉한 종이가 찜기 역할을 하며 종이를 찢는 순간 향이 확 피어오른다.

뉴올리언스 요리는 크게 상류층이 주로 즐기던 크리올Creole 요리와 상대적으로 저렴한 케이준Cajun 요리, 이렇게 두 부류로 나뉜다. 크리올에 비해 케이준은 양념이 강하고 자극적인 것이 특징이다. 사용하는 식재료도 조금 달라서, 크리올식은 버터나 크림 등을 듬뿍 사용해 고급스러운 맛을 내는 반면 케이준식은 값싼 라드를 주로 사용한다.

케이준은 원래 1620년경, 캐나다 노바스코샤의 아카디아에 살던 프랑스 이민자들을 가리키는 말이다. 이들은 1755년 영국에 의해 루이지애나로 강제 이주해 왔고, 가난 때문에 좋은 고기나 해산물을 찾기가 어려워 강한 양념을 써서 맛을 내기 시작했다고 한다. 이들이 만들어낸 '케이준 스파이스'는 칠리 파우더, 카이엔 페퍼, 후추, 마늘, 생강 등 매운 양념을 주재료로 하되 집집마다 고유의 레시피로 조합하는 것이 특징이다.

한때 미국에는 맛있는 음식이 별로 없다는 인식이 있었지만 오랫동안 다양한 인종이 모여서 살아온 덕에 그들 나름의 다채로운 식문화가 발달했다. 『바람과 함께 사라지다』는 19세기 미국의 음식 문화를 담아낸 '먹방 소설'로

생선을 채소와 함께 종이에 싸서 오븐에 구워 촉촉한 맛을 유지하는 파피요트
사진 출처: stu_spivack on Flickr, CC BY-SA 2.0.

크리올 스타일 굴 요리 / 사진 출처: Quinn Dombrowski on Flickr, CC BY-SA 2.0.

케이준식 가재 요리

불려도 손색이 없을 듯하다. 인종 차별적 내용으로 오늘날 호된 비난을 받기도 하지만, 미국의 문화를 제대로 이해하고자 하는 이들에게는 필독서로 자리 잡은 소설이다.

참고문헌

- 마거릿 미첼, 『바람과 함께 사라지다』, 안정효 옮김, 열린책들, 2015.
- 〈하이 온 더 호그〉, 넷플릭스
- EBS 동영상 "미국 남부 지역의 음식 문화", 네이버 지식백과
- Dewight Eisnach and Hubert C. Covey, "What the Slaves Ate: Recollections of African American Foods and Foodways from the Slave Narrative", Santa Babara, California, Greenwood Press.
- Anne Bower, "African American Foodways", Chicago, University of Illinois Press.

19세기 미국판 삼시 세 끼 스토리

로라 잉걸스 와일더의 『초원의 집』과 서부 개척 시대 미국 요리

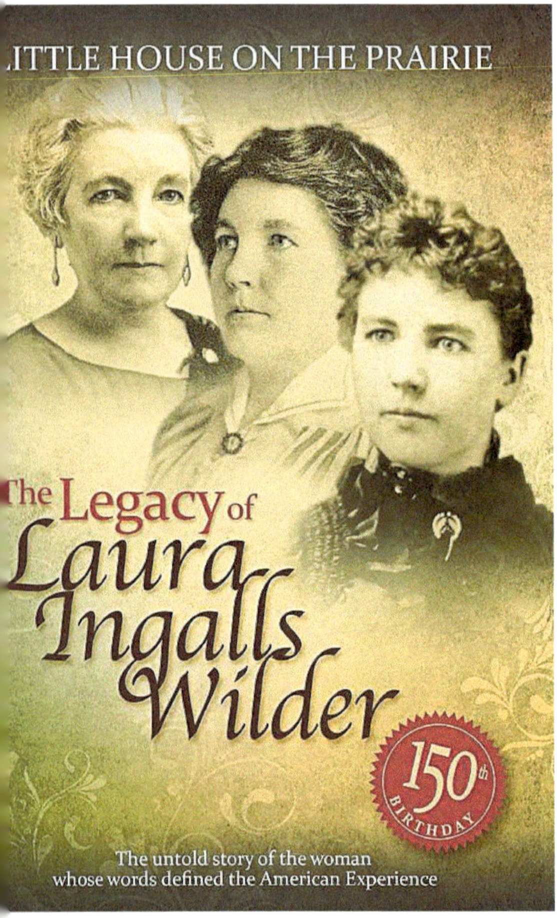

로라 잉걸스 와일더 탄생 150주년을 기념해 나온 다큐멘터리 영화 〈The Legacy of Laura Ingalls Wilder〉 출처: Friendly Family Productions on Wikimedia Commons, CC BY-SA 4.0.

리얼리티 예능 〈삼시세끼〉 시리즈가 꾸준히 인기를 끈 이유는 무엇보다 자연에 대한 사람들의 향수를 자극했기 때문일 것이다. 특히 마트나 슈퍼마켓에서 완제품을 사 먹는 데 익숙한 현대인들에게 자연에서 직접 식재료를 얻는 과정은 신기함을 넘어 경이롭게까지 느껴진다. 그런데 이런 낭만 때문이 아니라 생존을 위해서 자연을 개척해 먹거리를 찾아내야 했던 시절이 불과 100여년 전 미국에도 있었다.

로라 잉걸스 와일더의 자전적 소설이면서 80년대 미국 드라마 시리즈로도 잘 알려진 『초원의 집』에서는 서부 개척시대 미국인들이 음식을 얻기 위해 거친 자연과 싸워가며 고군분투를 펼친다. 그런데 이들이 자연에서 얻는 음식이라는 것이, 풀뿌리며 나무껍질로 연명하던 농경 민족의 구황 작물보다는 한층 호화스러워 보인다. 아무래도 사냥 문화가 발달하고 고기가 흔한 지역이었기 때문일 것이다.

19세기 말 위스콘신주에 살던 잉걸스 가족은 작은 통나무집을 짓고 말 그대로 식량을 자급자족하며 살아간다. 이 책에 가장 먼저 등장하는 음식은 아버지가 갓 사냥해 온 신선한 사슴고기다. 레시피는 묘사되지 않지만 선도 좋은 고기인 만큼 소금 후추 정도로 간단하게 양념해 구워 먹었을 것으로 추측된다. 사냥한 고기가 남으면 가족들은 이를 겨우내 비축해 두기 위해 훈제한다. 요즘도 훈제 재료로 인기가 있는 히코리나무로 연기를 피우고, 빈 나뭇등

복원한 '초원의 집'의 모습 / 사진 출처: Sheila Scarborough on Flickr, CC BY 2.0.

곁에 작은 문까지 내면서 스모커를 만드는 로라 아빠의 솜씨를 보면 그저 감탄만 나온다.

부지런히 움직이는 부모님 덕에 로라네 다락방은 겨울을 거뜬히 날 만큼 푸짐한 먹거리로 채워진다. 직접 가꿔 수확한 감자와 당근, 순무, 양배추, 양파가 가득 쌓여 있고, 붉은 고추와 호박은 마치 크리스마스 장식처럼 풍성한 분위기를 더해준다. 육고기뿐 아니라 연못에서 잡아 소금에 절인 송어도 훌륭한 월동 식품이 된다.

겨울이 다가오면 로라네 가족은 큼직한 돼지 한 마리를 통째로 잡아 역시 겨울철 식량으로 보존한다. 알뜰한 엄마는 돼지 지방으로 라드를 만들고 부스러기 살점까지 긁어모아 소시지 재료로 쓴다. 당장 먹지 않을 돼지고기는 훈제해 햄과 베이컨으로 만들고 삶은 머리 고기는 잘게 다져 소금 후추와 향신료를 뿌린 후 육수를 부어 서서히 식혀서 마치 우리나라 족편 같은 편육을

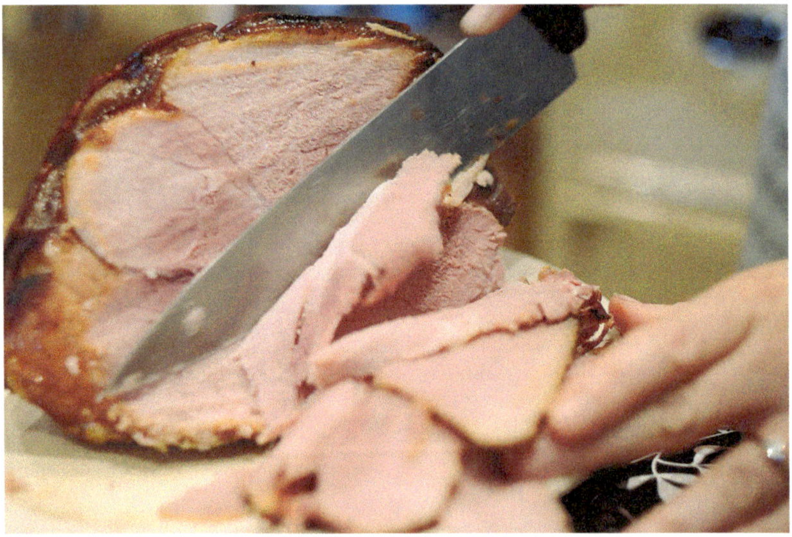

햄 / 이미지 출처: Steven Lilley on Flickr, CC BY-SA 2.0.

만든다. 소시지를 만들 때는 부스러기 살점과 비계에 소금 후추, 세이지를 넣고 반죽한다.

이 중 우리에게 다소 낯선 식재료가 돼지비계를 녹여 만든 라드다. 한때는 중국집에서 빠질 수 없는 재료였지만 기름이 하얗게 엉겨 하수구를 막는 데다 동물성 기름은 몸에 좋지 않다는 인식 때문에 한동안 자취를 감추기도 했다. 그러나 최근에는 동물성 기름에 대한 기피 현상이 다소 줄어들면서 풍미를 살리기 위해 라드를 쓰는 집이 다시 늘고 있다. 또한 라드의 주성분은 불포화 지방이어서 오히려 건강에는 식물성 기름보다 낫다고 한다.

『초원의 집』에서 독자들의 마음을 사로잡은 장면 중 하나는 로라 엄마가 커다란 단지에 우유를 넣고 저어 버터를 만드는 장면일 것이다. 시판되는 우유는 보통 살균과 함께 균질화 과정을 거치는데, 소에서 갓 짠 원유는 서늘한 곳에 두면 크림 층이 위로 뜬다. 이 크림을 저으면 버터 알갱이가 막대에 달라붙기 시작한다. 지금이야 원심분리기나 교반기가 있지만 그 시절에 버터 만들기는 말 그대로 중노동이었을 것이다. 이렇게 버터를 만들고 남은 우유를 '버터 우유'라고 하는데 쉽게 말하면 지방이 빠진 탈지유로, 팬케이크나 비스킷을 만들 때 첨가하면 풍미를 더해준다. 음식의 맛뿐 아니라 모양새도 중요시하는 엄마는 겨울 버터는 색이 너무 연하다며 당근 즙으로 버터를 물들이고, 딸기 무늬가 있는 예쁜 틀에 찍어낸다.

로라네 가족이 즐기는 크리스마스 만찬 장면에서는 그야말로 예술의 경지에 오른 엄마의 음식 솜씨가 묘사된다. 달걀과 우유, 밀가루를 섞은 호밀빵과 스웨덴식 크래커, 소금에 절인 돼지고기와 시럽을 넣은 콩 냄비요리, 새콤한 파이와 말린 과일 파이, 쿠키 등도 상에 오른다. 달콤한 사탕은 어린이들에게 최고의 크리스마스 선물이다. 메이플시럽이나 당밀을 눈 위에 부어서 굳힌 사탕이며 빨간색과 하얀색 줄무늬가 있는 박하사탕, 옥수수 푸딩에 메이플시럽

메이플시럽을 눈위에 부어 굳혀 먹는 메이플 태피
사진 출처: Jamie Walker on Flickr, CC BY 2.0.

을 얹어 먹는 디저트도 있다. 엄마는 크리스마스 하면 떠오르는 생강빵 대신 인형 모양 팬케이크를 아이들에게 준다.

크리스마스는 서양에서 가장 큰 명절인 만큼 이 책에서도 많은 비중을 차지한다. 실버레이크 호숫가에서 엄마는 소금에 절인 돼지고기를 양념 삼아 어느 때보다 맛있는 메뉴들을 만들고, 이웃의 보스트 씨 부부는 귀한 굴 수프와 굴 크래커를 보답으로 대접한다. 가족이 드 스메트에 살고 있을 때 식량 공급이 끊긴 상황에서도 크리스마스 메뉴를 척척 만들어내는 로라 엄마의 솜씨에는 그저 감탄이 나올 뿐이다.

작품 후반부로 갈수록 로라 가족의 가난은 현실적으로 묘사되고, 당시 개척민들의 어려운 현실이 생생하게 다가온다. 로라의 가족은 밀가루빵보다는 옥수수빵을 주로 먹는다. 농사를 망친 찌르레기는 파이로 구워 '재활용'한다. 크리스마스 때 칠면조를 구하지 못하는 건 흔한 일이라, 산토끼로 칠면조를 대신하는 해도 태반이다.

작가의 자전적 이야기를 다룬 이 소설에는 어두운 내용도 상당 부분 등장한다. 예쁜 금발 소녀였던 장녀 메리는 성홍열로 시력을 잃고, 동생인 로라가 어린 나이로 교사가 되어 언니를 맹인 학교에 보내는 데 힘을 보탠다. 로라 가족은 자연재해와 야생동물의 위협으로 어려움을 겪는가 하면 아버지 찰스는 농사짓는 일이 여의치 않자 철도 공장의 임노동자로 취직해 힘겹게 가족을 부양하기도 한다. 그러나 작품 전체의 관점에서 이런 고난들은 로라 일가의 가족애를 더욱 두텁게 하며, 주인공 로라가 강인한 여성으로 성장하는 데 뒷받침이 되어 주는 장치로도 볼 수 있다.

시대가 시대이다 보니 흑인이나 미 선주민이 부정적으로 그려지기도 하지만, 어린 소녀의 눈을 통해서인지 당시로서는 상당히 호의적인 묘사도 많다. 특히 눈길을 끄는 대목은 '호미니'라고 불리는 껍질 벗긴 옥수수를 만드는 과정이다. 로라 엄마는 잿물에 옥수수를 삶고 빨래판에 비벼 껍질을 벗겨내는데 이 방법은 미 원주민들이 옥수수를 처리하는 전통 방식이다. 옥수수만 오래 먹다 보면 니아신이 부족해 펠리그라병[11]에 걸리기 쉬운데 석회수나 잿물에 삶으면 단백질로 단단하게 결합돼 있던 니아신 성분이 소화 흡수할 수 있는 형태로 바뀐다. 먼 유럽에서 이민 온 백인들은 모든 것이 낯선 아메리카에 적응하기 위해 좋든 싫든 이들의 생활 양식을 보고 배울 수밖에 없었을 것이다.

『초원의 집』 시리즈 후반부에서는 교사가 되어 가계를 돕고 알만조라는 멋진 청년과 결혼해 가정을 이루는 로라의 이야기가 묘사된다. 그러나 이 부분에 와서 밝고 긍정적이던 작품의 분위기가 급격히 어두워지는데, 이는 집필 당시 로라 잉걸스의 남편인 알만조가 사망했기 때문이라고 한다. 잉걸스 가족의

---

11) 기억력이 감퇴되고 정신력이 떨어지는 등 치매와 비슷한 증상이 나타나며, 피부가 갈라지고 변색되며 설사가 계속되어 영양실조를 더욱 악화시킨다. (참고: 시사상식사전)

호미니를 잘게 부순 호미니 그리츠. 물에 오랜 시간 끓여내 달걀이나 햄, 새우 요리에 곁들여 먹는다. / 사진 출처: Amy Aletheia Cahill on Wikimedia Commons, CC BY-SA 4.0.

후손 중 현재 생존해 있는 사람은 안타깝게도 한 명도 없다. 그러나 험난한 자연에 맞서며 끈끈한 가족애를 지켜간 이들의 이야기는 오늘날까지도 많은 독자들에게 감동을 주고 있다.

참고문헌

- 로라 잉걸스 와일더, 『초원의 집』 1~9권, 김석희 옮김, 비룡소, 2005.
- "Laura Ingalls Wilder", britannica.com
- Laura Ingalls Wilder Historic Home & Museum
- "What Pioneers Ate", Notes From The Frontier, November 9, 2019.
- Chip Schweiger, "What Did Cowboys Eat?", medium.com, July 14, 2019.
- "19th century American foodways", foodtimeline.org

GREENLAND
CANADA
UNITED STATES

Chapter 04
아시아의 맛

축복받은 먹거리 천국에서 펼쳐지는 원죄와 복수의 드라마

미우라 아야코의 『빙점』과 홋카이도 음식

『빙점』의 배경이되는 아시히카와의 전경
사진 출처: Nryate on Wikimedia Commons,

일본 문화에 대한 반감이 지금보다 강했던 60년대 무렵, 드물게 우리나라에서도 큰 인기를 끈 일본 소설이 하나 있다. 바로 미우라 아야코의 1964년작 『빙점』이다. 패전 직후까지 홋카이도에서 교사 생활을 하다 뒤늦게 작가가 된 미우라 아야코는 일본에는 드문 개신교도로, 그의 작품에서도 원죄와 구원 등 기독교적인 메시지를 엿볼 수 있다. 이 덕분에 『빙점』은 한국 독자들에게도 별 거부감 없이 받아들여질 수 있었으며 드라마와 영화를 통해 여러 차례 영상화되기도 했다.

이야기는 1946년 여름, 홋카이도 아사히카와의 한 부유한 의사 집안에서 시작된다. 병원장 쓰지구치 게이조는 아름다운 아내 나쓰에와 다섯 살 아들 도루, 세 살 난 딸 루리코와 남부럽지 않은 가정을 꾸리며 살고 있다. 그런데 친구네 집에 놀러갔다던 딸이 늦게까지 귀가하지 않다가 다음날 싸늘한 주검으로 발견되면서 행복했던 이들의 삶은 한순간에 산산조각난다.

알고 보니 루리코는 밖에서 놀다 오라는 엄마의 말에 혼자 강둑을 헤매다 육아 스트레스에 지친 한 남자에게 우발적으로 살해당한 것이었다. 그 시간 나쓰에는 병원의 젊은 안과 의사 무라이와 단둘이 있었다. 게이조는 나쓰에의 불륜을 의심하며 딸이 죽게 된 책임을 두 사람에게 돌린다. 결국 그는 아내에게 복수할 생각으로 보육원에 맡겨진 살인범의 딸을 맡아 기르기로 결심하는데…

소설 전반부를 보면 전쟁이 막 끝난 시기임에도 불구하고 쓰지구치 일가가 상당히 호화스러운 생활을 하고 있다는 점을 알 수 있다. 이들 가족은 마요네즈며 푸딩을 집에서 직접 만드는가 하면 당시엔 구하기도 어려웠을 땅콩버터나 초콜릿, 치즈 같은 식품을 집에 두고 먹는다. 또 게이조의 절친이자 산부인과 의사인 다카기가 위스키, 버터 등을 선물로 가져오며 양색시에게서 받았다

여름에도 기온이 서늘한 홋카이도는 감자나 옥수수 같은 한대성 작물을 키우기에 안성맞춤이다.

고 털어놓는 대목에서는 미 군정의 지배를 받던 40년대 중반의 시대상을 읽을 수 있다.

게이조와 다카기는 직접 가꾼 옥수수에 버터를 발라 먹으며 조니 워커를 기울인다. 이날 다카기는 살인범 사이시의 갓난 딸이 본인이 촉탁으로 있는 보육원에 있다고 알려준다. 아이를 입양하겠다는 게이조를 다카기는 정색하고 만류하지만, "원수를 사랑하라."라는 좌우명을 내세우는 게이조의 말을 반신반의하며 나쓰에에게는 사실을 감춘 채 고아가 된 요코를 이들 부부에게 보낸다.

아무것도 모르는 나쓰에는 아기를 진심으로 사랑하며 기르지만 우연히 남편의 일기장에서 요코의 출생에 대해 알게 되어 경악한다. 그날 이후 점점 나쓰에의 냉대를 받는 요코. 겉으로는 아무렇지 않은 듯 행동하지만 딸을 대하는 나쓰에의 마음은 얼음장보다 싸늘하게 변해 있었다. 이는 두 사람이 단둘

밥에 다양한 해산물을 올려 먹는 카이센동
사진 출처: bryan… on Wikimedia Commons, CC BY-SA 2.0.

이 식사를 하는 장면에서도 드러난다. 빳빳한 탁자 위에는 두툼한 스테이크에 마요네즈를 친 아스파라거스가 곁들여져 있고 수프 냄비에는 스튜가, 작은 접시에는 식후를 위한 사과가 먹음직스럽게 담겨 있다. 고급 레스토랑이 부럽지 않은 식탁이지만 요코의 기분은 왠지 스산하기만 하다.

한편, 작품 속에 등장하는 음식들이 유난히 호화롭게 묘사되는 이유는 단순히 쓰지구치 가족이 부유한 의사 집안이어서만은 아니다. 여름에도 기온이 서늘한 홋카이도는 감자나 옥수수 같은 한대성 작물을 키우기에 안성맞춤이며, 토질이 우수해 양파, 당근, 호박 등 다양한 농작물이 생산된다. 오늘날에도 홋카이도 지방의 식량 자급도는 200%를 넘긴다. 먹을 것에 한해서는 말 그대로 '축복받은 고장'이라고 할 법하다.

오호츠크해 인근의 각종 어패류도 이들의 식탁을 더욱 풍성하게 해준다. 홋카이도를 대표하는 생선으로는 연어가 있는데, 원주민인 아이누인들은 연어를 얼렸다가 반쯤 해동시킨 '루이베ルイベ'를 즐겨 먹었다. 생 연어 속 각종 기

홋카이도 특산물인 털게 / 사진 출처: T.Tseng on Flickr, CC BY 2.0.

생충은 살짝 얼리면 사멸하므로 안전하게 먹을 수 있다. 그밖에 우리나라에서 '털게'라고 불리는 살이 꽉 찬 게, 달콤하고 노란 알을 품은 성게, 통통한 가리비 등은 이 지역을 방문했을 때 반드시 맛봐야 할 별미로 꼽힌다.

그 시절에 이미 우유를 배달시켜 먹는 집이 많았다는 묘사도 주목할 만한 부분이다. 나쓰에가 용돈은커녕 학급비조차 주지 않자 요코는 아르바이트로 우유 배달 일을 시작한다. 기온이 서늘할수록 생산성이 좋은 목축은 홋카이도에 최적화된 산업으로, 지금도 이 지역의 유제품은 일본에서 최고로 꼽힌다. 슈퍼마켓에서 파는 우유만 하더라도 한국에 비해 훨씬 진하고 고소한 맛을 자랑하며, 라벤더로도 유명한 비에이를 방문하면 요구르트와 아이스크림, 각종 치즈를 다양하게 맛볼 수 있다.

소설에 등장하는 홋카이도의 또 다른 명물 음식은 징기스칸이다. 대학생이

징기스칸 / 사진 출처: pelican on Flickr, CC BY-SA 2.0.

된 아들 도루가 여름방학을 맞아 친구 기다하라를 데려오자 나쓰에는 아들의 친구를 극진히 대접하며, 그가 돌아가기 전날 징기스칸으로 외식을 한다. 나쓰에는 젊고 잘생긴 기다하라에게 관심을 보이지만 정작 그의 마음은 딸인 요코에게 쏠려 있다. 또 요코에게 오빠인 도루가 고기며 야채를 구워주고 음료수를 따라주는 장면을 보면 남매 이상의 감정이 싹트기 시작한 두 사람의 미묘한 분위기를 느낄 수 있다.

제국주의 시절 일본은 면양을 수입해 대량으로 길렀는데 패전 후 양모 수요가 줄어 남은 양들을 처리하기 곤란해졌다. 그래서 털을 깎고 난 늙은 양을 식량으로 활용하면서 누린내를 덮기 위해 갖은양념을 해서 먹었고, 그것이 바로 징기스칸의 기원이다. 숙주에 피망, 양파, 단호박 등 갖가지 채소를 양고기와 함께 가운데가 불룩 솟은 철판에 구워 먹는 징기스칸은 마늘과 양파를 듬뿍 넣은 양념의 달콤 짭짤한 맛이 우리나라의 불고기와도 비슷하다.

당시만 해도 1년 이상 성장한 '머튼mutton'을 사용했기 때문에, 냄새가 심해 양념을 강하게 해도 징기스칸을 먹지 못하는 이들이 많았다고 한다. 최근에는 1년 미만의 어린 '램lamb'이 전 세계에 유통되는 양고기의 90% 이상을 차지한다. 홋카이도 토박이 중에는 여전히 머튼을 선호하는 중장년층이 적지 않지만, 램은 양고기에 거부감을 느끼는 사람들도 부담 없이 먹을 수 있어 징기스칸의 주재료로 사랑받는다. 우리나라에도 상수동 등지에 징기스칸을 전문으로 하는 식당들이 있으니 중국식 양꼬치를 즐겨 먹는 사람이라면 한 번쯤 맛보는 것도 좋겠다.

참고로 미우라 아야코가 이 소설을 쓰게 된 계기도 재미있다. 남편과 함께 식료품 상점을 했는데 장사가 너무 잘되자 다른 가게들한테 미안해서 영업 시간을 줄이고 그 시간에 소설을 쓰기 시작했다는 것. 『빙점』은 아사히신문 공모전에 입상하면서 베스트셀러가 됐는데, 어찌 보면 '가진 자의 여유'가 이 작

미우라 아야코 문학관 / 사진 출처: Shoyuramen on Wikimedia Commons, CC BY 3.0.

품을 태어나게 한 셈이다. 같은 시기에 우리나라 사람들 대다수가 아직 빈곤에 시달렸던 점을 생각해 보면 소설에 묘사되는 풍성한 식탁이 조금은 씁쓸하게 여겨지기도 한다. 하지만 인간 본연의 죄의식을 용서와 구원으로 극복한다는 작품의 메시지가 종교와 국경을 넘어선 감동을 준다는 점만은 분명하다.

참고문헌

- 미우라 아야코, 『빙점』, 최호 옮김, 홍신문화사, 2011.
- 오성숙, 네이버 지식백과 『낯선 문학 가깝게 보기』 중 일본문학, "빙점".
- 『두산백과』 중 "미우라 아야코".
- 『두산백과』 중 "홋카이도".

에도 시대 식재료와 뒤얽힌 미스터리한 사건들

미야베 미유키의 『맏물 이야기』와 에도 음식

에도시대 여성들의 모습. 조개껍질에 시구를 적어두고, 이어지는 시구가 적힌 패를 찾아내는 게임인 '카이오이(혹은 카이아와세)'를 즐기고 있다. / 키타가와 우타마로喜多川歌麿, 「조개껍질 게임을 하는 여성들」, 1790. / 출처: 메트로폴리탄 미술관, Public Domain.

한식 붐을 일으킨 드라마 〈대장금〉에는 고춧가루로 빨갛게 물든 김치가 나오지 않는다. 오늘날 흔하디흔한 감자나 고구마도 작품의 배경이 되는 16세기에는 없었고, 심지어 배추도 드문 식재료였다. 음식 감수를 맡았던 궁중 요리 전문가 한복려 선생은 이 때문에 옛 문헌을 참고해 맨드라미나 호박꽃, 석류알 등으로 색감을 살렸다고 한다.

지금보다 식량 사정이 좋지 않았던 시절, 고증에만 충실해 옛날의 식탁을 재현한다면 아무래도 단출하고 밋밋해 보일지 모르겠다. 하지만 옛사람들은 경험과 상상력을 동원해 자연에서 찾아낸 온갖 식재료로 맛과 영양을 더했다. 우리 선조들이 비교적 검소하면서 실속 있는 밥상을 선호했다면, 일본인들은 상대적으로 멋과 운치를 중시하는 경향이 있다. 계절감과 시각적 요소를 중시하는 일식의 특징은 오랜 육식 금지로 인해 사용할 수 있는 식재료가 제한되었던 영향도 크다. 특히 '맏물'이라고 부르는, 계절이 바뀔 때 처음으로 나는 채소나 과일, 생선 등은 먹으면 수명이 75일씩 길어진다고 해서 귀하게 여겼다.

'미미 여사'라는 별명으로 한국 팬들에게 친숙한 추리소설 작가 미야베 미유키는 맏물 식재료를 둘러싸고 벌어지는 각종 사건과 먹음직스러운 요리들을 함께 선보인다. 2015년 출간된 『맏물 이야기』는 에도 말기 서민 거리로 불리던 후카가와(오늘날 고코구)의 상점가를 무대 삼아 펼쳐진다. 주인공 모시치는 이 구역의 치안을 담당하는 오캇피키(관할서 경찰에 해당하는 하급 무사 도신의 수하)로, 계절이 바뀌는 동안 다양한 사건을 해결해 간다.

첫 번째 에피소드 「오세이 살해 사건」은 새해 첫날 한 여성이 차가운 강물의 시체로 떠오르면서 시작된다. 유력한 용의자에게는 확실한 알리바이가 있었고, 고심하던 모시치는 정체 모를 유부 초밥 노점상에게 순뭇국과 된장 수제비를 얻어먹으면서 사건의 실마리를 찾아낸다.

단편집에는 「오세이 살해 사건」 외에도 총 아홉 편의 에피소드가 실려 있다. 천 냥이나 되는 돈을 내고 가난한 생선 장수에게 가다랑어를 사겠다는 어느 포목상, 신사에 바친 공물을 먹고 독살당한 아이들, 돈을 빌리러 온 형에게 살해당한 방물상 종업원, 수상쩍은 기운을 풍기는 대지주 일가 등의 이야기가 차례차례 등장한다. 등장인물 대부분은 상인이나 직공들로, 수공업과 상업이

에도 시대 목판화가 류류쿄 신사이의 작품「스시와 세주」
사진 출처: 메트로폴리탄 미술관, Public Domain.

발달했던 에도 시대의 생활상을 흥미진진하게 펼쳐나간다.

200여년 전을 배경으로 하는 소설에 이렇게 다양한 음식이 등장하는 것은 당시의 시대적 상황에서 기인한다. 17~18세기 일본에서는 에도를 비롯한 대도시들이 빠르게 발전했고, 지방에서 올라온 청년들이나 하급 무사 등 여러 계층의 사람들이 공존하게 되었다. 이들 중에는 독신 남성이 많다 보니, 사 먹기 간편한 음식을 파는 요식업이 크게 발달한 것이다.

에도의 시장에서는 텐푸라를 비롯해 유부 초밥이나 오뎅, 우동, 소바 같은 다양한 음식들을 맛볼 수 있었다. 시간에 쫓기는 짐꾼이나 종업원, 혹은 요시와라의 유녀들은 야타이(노점상)에서 끼니를 해결했다. 우리나라 사람들이 겨울철 뜨끈한 포장마차 어묵을 먹듯, 그 시절 일본인들은 어묵과 무, 달걀 등

새해에 먹는 일본식 떡국, 오조니お雑煮
사진 출처: midorisyu on Flickr, CC BY 2.0.

이 들어간 오뎅으로 속을 든든하게 했다. 요즘은 고급 음식의 대명사가 된 초밥도 에도 시대에는 간단하게 먹을 수 있는 패스트푸드였다.

계절이 바뀌면서 이야기가 진행되는 만큼, 우리와 비슷하면서도 다른 일본의 다양한 세시풍속을 엿볼 수 있다는 것도 『맏물 이야기』의 또 다른 재미 포인트다. 새해 첫날 먹는 '오세치 요리'는 전날 미리 만들어 두며, 설 당일에는 불 쓰는 요리를 하지 않는 것이 원칙이다. 온 가족이 느긋하게 설을 즐길 수 있도록 하자는 의미지만 한편으로는 건조한 날씨에 화재를 막기 위한 이유도 있는 것으로 보인다.

오세치 요리로는 떡국 재료인 네모난 찹쌀떡 외에 농사 풍년을 기원하는 멸치볶음(멸치볶음을 뜻하는 '타즈쿠리たづくり'는 '밭을 만든다'는 뜻)과 재물을 뜻하는 샛노란 밤조림(쿠리킨톤栗きんとん), 축하를 의미하는 도미 등이 차려진다. 여러 가지 음식에 모양을 낼 때는 경사스러움을 나타내는 송죽매松竹梅 문양을 많이 사용한다. 검은콩, 연근, 홍백 어묵, 새우, 청어알도 단골 메뉴다.

정월 7일째 되는 날에는 설 장식을 치우고 일곱 가지 나물죽을 먹는다. 일곱 가지 재료는 냉이, 쇠별꽃, 순무, 무, 미나리, 광대나물, 개똥쑥 등으로 냉이나 무, 미나리 정도는 우리에게도 친숙하지만 나머지 나물들은 한국에 그리 흔하지 않은데, 서로 다른 기후 혹은 한국인과 일본인의 식습관 차이

일곱 가지 나물죽에 들어가는 채소들
사진 출처: Nissy-KITAQ on Wikimedia Commons, CC BY-SA 3.0.

키타가와 우타마로, 「나물 캐는 여자들」, 1801.
출처: 메트로폴리탄 미술관, Public Domain.

사쿠라 모찌
출처: Ocdp on Wikimedia Commons, CC0 1.0.

에 의한 것으로 추측된다. 겨울철 영양가 보충을 위해 먹는다고 하며 모양새는 좀 다르지만 우리나라에서 정월대보름에 묵은 나물을 먹는 풍습과도 비슷해 보인다.

벚꽃이 피는 시기에 맞춰 꽃놀이를 즐기는 풍속은 현대에도 남아 있다. 지역마다 벚꽃놀이 시즌은 달라지며, 풍류를 즐기는 행사인 만큼 맛있는 음식이 빠질 수 없다. 꽃놀이 때는 소금에 절인 벚꽃을 뜨거운 물에 띄워 차로 마신다. 이 시기 계절감을 살린 대표 간식으로는 연분홍 찹쌀 반죽에 단팥 소를 넣고 벚꽃잎 장아찌로 감싼 사쿠라모찌가 있다. 관서 지역에서는 반죽 대신 분홍빛이 나는 찹쌀밥을 사용한다.

우리에게는 낯선 봄 식재료들도 있다. 모시치 부부는 봄을 맞아 유채나물 절임을 먹는가 하면 노점상 주인에게서 유채떡을 얻어온다. 유채나물은 씁쓸한 맛이 강한 편인데 줄기가 연한 초봄에 가장 맛이 좋다고 하며, 꽃을 그대로 데쳐 먹기도 한다. 뱅어라고도 불리는 사백어는 살아 있는 작은 치어에 초간장을 뿌려 훌훌 마시듯 먹는데 국내에서는 경남 일부 지역에서 맛볼

산 채로 먹는 사백어
사진 출처: Poohjay on Flickr, CC BY 2.0.

수 있다. 산 채로 먹는 것에 거부감을 가지는 이들을 위해 익히거나 묵으로 만들기도 한다.

배경이 일본인 만큼 각종 생선도 다양하게 등장한다. 생선 가게 주인은 손님들이 저렴한 가격에 제철 가다랑어를 즐길 수 있도록 작은 토막으로 잘라서 판매한다. 이 대목에서 우리는 바다를 끼고 있는 에도에서도 생선회는 제법 비싼 식재료였다는 것을 짐작할 수 있다. 더구나 "제철 가다랑어는 마누라를 팔아서라도 먹고 싶다."라는 섬뜩한 속담까지 있는 것을 보면 꽤나 있기 있는 생선이었던 모양이다.

그밖에는 노점 주인이 솜씨 좋게 구워주는 삼치가 등장한다. 겨울에서 봄까지가 제철인 삼치는 소금구이로 먹는 것이 가장 맛있지만 선도가 좋을 경우 회로도 먹는다. 풍미가 다소 심심하므로 관서 지역에서는 된장으로 하루 재어 굽는 '사이쿄야키西京燒'라는 메뉴도 있다. 일제 강점기 때는 삼치를 좋아하는 일본 사람들이 죄다 공출해 가 우리나라 사람들은 맛보기 힘들었다고 한다.

가을철이면 기름이 오르는 꽁치나 정어리, 연어도 있다. 정어리는 꽤 흔한 물고기인데도 국내에서는 생물을 찾아보기 어려운데 이는 식용보다 양식장 먹이로 이용되는 탓이다. 반면 일본인들은 국민 반찬이라고 할 정도로 정어리를 흔하게 먹는다. 연어는 오늘날 흔한 훈제나 회 대신 자반으로 절였다 구워 먹는 일이 많다.

일본인들은 에도 시대까지 육식을 금했다고 알려졌으나 예외는 있었다. 오리고기는 물갈퀴가 있기 때문에 물고기로 분류됐고, 소설 속 요리점 '호리센'에서도 기름진 음식을 좋아하는 손님의 환갑잔치에 오리고기를 내놓는다. 다만 이렇게 호화스러운 식재료를 먹을 수 있는 계층은 한정돼 있었으며 사건 수사를 위해 요리점 음식을 맛본 모키치 일행은 엄청난 가격에 기절초풍한다. 또 다른 단편 「다로 감, 지로 감」을 보면 에도에서 떨어진 시골 농민들은 여전히 제대로 끼니를 잇지 못하는 현실이 묘사되며, 굶주린 농부 형은 돈 대신 정교하게 세공한 과자를 내미는 동생에게 분노한다.

한편 소설에서 심야까지 운영하는 노점상 주인은 우동을 넣어 한 끼 식사도 되는 달걀찜이나 제철 생선구이 등 간단하면서도 맛있는 음식을 제공한다. 그는 매번 주인공 모시치에게 사건의 힌트를 주지만 어쩐 일인지 그 정체가 끝끝내 밝혀지지 않는다. 편집 후기를 읽어보면 그 비하인드 스토리가 언급되는데, 작가의 다음 시리즈에서는 그의 정체가 밝혀질지도 모르겠다.

참고문헌

- 미야베 미유키, 『맏물 이야기』, 김소연 옮김, 북스피어, 2015.
- 오쿠보 히로코, 『에도의 패스트푸드』, 이연숙 옮김, 청어람미디어, 2004.
- 박용민, 『맛으로 본 일본』, 헤이북스, 2014.
- 모로 미야, 『에도 일본』, 허유영 옮김, 일빛, 2006.
- "에도의 음식이 개화한 마을", nihombashi-tokyo.com

욕망을 향한 인간의 집착은 어디까지일까

명나라 소설 『금병매』와 중국의 스태미나식

해외여행이 막 자율화되었던 시절, 중장년층 남성들의 이른바 '보신 관광'이 세간의 구설에 오른 적이 있다. 동남아시아 등지에서 뱀이나 전갈 같은 야생동물을 먹다가 현지 당국에 적발된 일이다. 이른바 '정력'에 대한 남자들의 집착은 웃음거리가 되었고, 당시 "바퀴벌레가 정력에 좋다고 소문이 났다면 진작에 멸종됐을 것"이라는 농담이 유행할 정도였다.

하지만 굳이 따지자면 이른바 '정력제'의 역사는 옆 나라 중국이 훨씬 길

고 종류도 상상할 수 없을 만큼 방대하다. 중국 최초의 황제 진시황이 불로초를 찾기 위해 많은 사람들을 혹사시킨 일이 그 시작이라고도 할 수 있겠다. 실제로 중국 4대 기서奇書 중 하나로 꼽히는 『금병매』를 보면 당시 한의학에서 알려진 다양한 춘약의 집대성된 모습을 생생히 접할 수 있다.

중국 명나라 시대에 쓰인 『금병매』의 저자는 소소생笑笑生이라고 알려져 있으나, 명확하게 밝혀진 바는 없다. 후세 사람들이 작품에 등장하는 여러 요소를 토대로 실제 저자를 추적해 왔지만 지금까지 20여 명이 거론될 뿐 여전히 그 실체는 베일에 싸여 있는 것이다.

『금병매』는 요즘 식으로 표현하면 『수호전』의 스핀 오프격 작품으로, 주요 등장인물 중 하나인 부송과 그 가족의 이야기를 담고 있다. 무송의 형 무대는 못생긴 외모의 떡장수로, 대갓집 여종이었던 미모의 여인 반금련을 아내로 두었다. 상전의 눈에 든 반금련은 그 부인에 의해 집에서 쫓겨나고 본인의 의사와 상관없이 무대와 결혼하게 된 것이다. 당연히 이들 부부 사이에는 애정이 없었고, 반금련이 칭허현 현청의 근처에서 약재상을 경영하는 서문경과 불륜 행각을 벌이며 이야기가 시작된다.

색욕이 왕성한 서문경은 순식간에 반금련의 마음을 사로잡으며, 결국 그녀는 남편 무대를 잔인하게 살해하고 그의 첩으로 들어간다. 서문경의 집에는 이미 본부인 오월랑과 기녀 출신인 이교아, 하녀 출신인 손설아 등의 여인이 있었기에 반금련은 다섯 번째 아내가 되었다. 또 다른 첩인 돈 많은 과부 맹옥루는 서문경이 약재상에서 비단 장수로 영역을 넓히며 부를 축적하는 수단이 된다. 이로도 모자라 서문경은 친우였던 화자허의 아내 이병아도 여섯 번째 부인으로 삼는다.

서문경은 자신의 욕망을 충족하기 위해 살인, 모함, 권력을 이용한 압력 행사 등 수단과 방법을 가리지 않는 인물이다. 소설의 제목인 '금병매' 역시 그의 첩인 반금련, 이병아, 춘매에게서 딴 것으로 재력과 술, 색욕을 의미한다는 해석이 있다. 절제를 모르고 쾌락을 좇던 서문경은 결국 춘약을 과다 복용해 죽음에 이른다.

성에 대한 과감한 묘사 때문에 『금병매』는 여러 차례 금서로 지정되었다. 우리나라에서도 『금병매』 하면 '야한 책'이라는 인식이 강하다. 그러나 욕망을 좇던 서문경과 반금련이 비극적 최후를 맞고, 선량한 본처 오월랑이 아들을 스님으로 출가시키는 『금병매』의 결말은 인과응보와 인생무상을 잘 담아냈다는 평가를 받는다. 북송 시대의 의식주를 상세하게 묘사하고 있어 사료로서의 가치가 높다는 사실도 간과할 수 없다.

특히 천여 가지의 음식이 등장하는 이 책은 중국 음식을 연구하는 이들에게는 필독서로 알려졌다. 작품의 무대가 되는 산둥 지역은 명·청시대 궁중 음식의 근간이 되는 곳이기도 하다. 더구나 구한말 한국에 정착한 화교들

불도장 / 출처: NF509FZ on Wikimedia Commons, CC BY-SA 4.0.

대다수가 산둥 지역 출신인 만큼, 금병매 속 레시피들은 한국식 중화요리와도 상당히 닮아 있다.

산둥 요리의 특징은 조미료로 맛을 내기보다는 식재료 본래의 맛을 중시한다는 데 있다. 황하 하류에 서식하는 물고기를 주재료로 한 음식이 유명하며, 부드럽고 담백하면서 약간 짠맛을 내는 요리가 많다. 중국 수도인 베이징의 요리는 산둥 지역 전통 요리에 북방 이민족의 음식을 받아들여 다채롭게 발전해 왔다.

이 작품에서 특히 주목할 만한 음식 묘사는 서문경이 정력을 키우기 위해 먹는 다양한 메뉴와 함께 등장한다. 개중에는 오늘날에도 스태미나에 좋다고 알려진 식재료들도 상당수 있다. 서문경은 허리띠 속에 여자의 성욕을 자극한다는 전성교顫聲嬌라는 가루약을 넣고 다닌다. 그가 항상 먹는다는 미약은 형체는 달걀 같고 빛깔은 아황鵝黃 같다고 묘사되어 있다.

서문경이 평상시 마시는 술은 초강력 정력제라는 표고버섯으로 담은 마고주와 향기 높은 최음제인 말리茉莉의 꽃으로 만든 말리화주다. 말리화는 다름 아닌 재스민꽃으로, 오늘날에도 차에 향을 더하는 부재료로 쓰인다. 실제로 중국을 방문하면 식당에서 기본으로 제공되는 가장 흔한 차가 바로 녹차에 재스민을 더한 재스민차다.

콩 껍질처럼 생긴 두 조각 껍질 속에 검은 씨가 들어있는 조협皂莢과 꿀을 섞고, 겉에는 박하와 밀감 잎으로 싼 매의梅衣 라는 경단도 즐겼다고 한다. 주엽나무 열매인 조협은 냄새가 거의 없고 매우 아리며 가루로 만들면 재채기를 일으킨다. 맛은 맵고 성질은 따뜻하며 약간 독이 있다. 강한 거담 작용을 하며 폐결핵, 폐농양, 만성 기관지염 등에 쓴다. 중풍으로 인한 정신 혼몽, 인사불성, 전간(뇌전증) 치료 효과 외에 종기, 피부 궤양, 변비 등에도 사용된다고 알려졌다.

재스민차

중국의 다양한 한약재

그 밖에도 서문경은 불에 구운 대추를 수정 접시에 담아 먹었고, 용간봉장龍肝鳳臟이라는, 잉어와 닭을 함께 쑨 죽을 즐겼다. 이 음식은 출정 나가는 항우를 위해 우희가 만들었다는 '패왕별희(자라와 닭고기로 만든 탕)'와도 비슷하다. 닭고기는 봉황을, 자라는 용을 상징하는데 자라를 구하기 어려운 경우 잉어로 대체했다. 우리나라에서도 80~90년대까지 두 가지 재료를 사용한 '용봉탕'이라는 요리를 중장년층 남성들이 자주 찾았다.

서문경은 또한 웅장타제熊掌駝蹄라는 곰 발바닥과 낙타 발굽 요리를 들었고, 연소반蓮鮹飯이라는 낙지볶음 연밥을 먹었다. 곰 발바닥이나 낙타 발굽은 이른바 '팔진미'로 불리며 청나라 황실의 만한전석滿漢全席[12]에도 올랐다고 한다. 나머지 여섯 가지 식재료는 원숭이 입술猩脣, 사슴 힘줄鹿筋, 표범 태반豹胎, 잉어 꼬리鯉尾 낙타 혹駱峰, 매미 배蟬腹 등이다. 모두 쉴 새 없이 움직이는 부위라는 이유로 스태미나식으로 여겨졌다.

이 중 정력에 집착하던 연산군도 즐겼다는 곰 발바닥은 우리나라의 『음식디미방』에도 등장하는데, 저자 장계향은 다음과 같이 곰 발바닥 요리법을 자세히 묘사했다.

> 석회를 넣어 끓는 물에 담가 털을 튀겨 뽑아 없애고 깨끗이 씻어 간을 쳐 하룻밤 재워 두어라. 이것을 아주 솟구도록 끓인 후 불을 반만 치우고 느린 불로 무르게 고아서 쓰라. 이것이 다 힘줄이니 보통 고기처럼 삶으면 쉽게 무르지 않느니라. 곰발바닥을 우족牛足 그슬리듯이 불을 많이 때어 그슬리면 털이 다 타고, 발바닥 가죽이 들뜨거든 벗겨버리고 깨끗이 씻어 무르게 고아 썰어 쓰고 발가락 사이를 칼로 찢어 간장기름 발라 구우면 더 좋으니라.
>
> – 장계향, 『음식디미방』 중 '웅장熊掌-곰발바닥'

그 밖에 양귀비가 즐겼다는 여지, 음란한 성정을 키운다는 수도壽桃, 성

12) 만민족滿民族과 한민족漢民族 요리의 정화精華를 흡수하고 결합하여 만들어낸 요리로 중국 역사상 제일 유명한 중화대연中華大宴으로 진귀한 요리가 다 모인 중국 최대의 호사함과 고급스러움이 극치를 이루는 대연회식. (『두산백과』 "만한취엔시")

여지 열매

취性臭를 늘린다는 장미떡, 음수陰水를 보충해 준다는 해당화로 빚은 매괴병, 심폐를 부드럽게 한다는 송화병 등의 이름이 등장한다. 방어, 잉어, 수박씨, 호두, 마름을 비롯해 거위 내장과 발바닥 조림, 병아리 겨드랑 살을 말린 육포를 비롯해서 목서木犀를 넣은 생선 절임도 나온다.

중국의 국민 간식인 수박씨는 우리가 아는 씨앗과는 형태가 조금 다르다. 크기가 훨씬 크고 납작하며 겉껍질을 까서 알맹이만 먹는데, 씨를 먹기 위한 수박 종류가 따로 있다. 마름이란 '물밤'이라는 이름으로도 알려진 수생 식물로 아삭한 식감을 즐기기 위해 각종 요리에 넣는다. 장미 꽃잎을 넣은 월병은 윈난 지역의 특산품이기도 하다.

다만 정력에 좋다고 알려진 많은 음식들의 대부분은 육류 위주의 고열량식이다. 먹을 것이 부족하던 시절에는 힘을 돋우는 데 좋았으나 현대인에게는 오히려 비만의 원인이 될 수 있으므로 보양식에 과도하게 집착할 이유는 없다. 오늘날의 풍요로운 환경에서는 영양도, 쾌락도, 어느 정도의 절제가 미덕일 것이다.

참고문헌

- 소소생, 『금병매 - 천하제일기서』, 강태권 옮김, 문예춘추사, 2022.
- 리카이저우, 『송나라 식탁 기행』, 한성구 옮김, 생각과종이, 2020.
- 장계향, 『음식디미방』, 논리와상상, 2018.
- Hou Hui, Food and Goods of Jin Ping Mei, Zhonghua Book Company, 2016.
- Yan Liang, "Reflections on a Braised Pig's Head: Food and vernacular storytelling in Jin Ping Mei", Journal of the American Oriental Society, Vol.134, No.1, 2014.
- "Discover the Delicious World of Chinese Cooking Techniques", eatrice.la
- "Chines Jasmine Tea - Jasmine Flower Tea Benefits", Runming Tea Company
- "The Science Behind Aphrodisiacs", salon.com

우리가 몰랐던 중국 서민 음식의 민낯

펄 벅의 『대지』와 중국 안후이성 음식

1937년 영화 〈대지〉의 언론 보도용 스틸컷.

한동안 정부가 주도하는 '한식의 세계화'가 이슈였다. 세계화의 기준은 관점에 따라 달라질 수 있겠으나 우리가 아는 요리 중 세계화에 가장 성공한 케이스를 꼽자면 중국요리가 대표적이다. 다만 유념해야 할 점은 세계화되어 어느 지역에서나 만나볼 수 있는 중국요리는 중국인들이 실제로 즐기는 음식들과는 거리가 멀다는 것이다. 특히 중국 본토에 가서 오리지널

난징대학에 있는 펄 벅의 동상
사진 출처: Zhou Guanhuai on Wikimedia Commons, CC BY-SA 4.0.

을 처음 맛본 이들은 동네 중국집과는 너무나 다른 메뉴와 맛에 배신감(?)을 느끼는 경우가 많다. 어느 나라 요리나 마찬가지지만, 외국인의 입맛을 사로잡으려면 어느 정도의 변형이 불가피하다. 게다가 중국요리는 그 종류 자체가 광범위하다 보니 더욱 더 혼동을 주는 것이다.

외국인이나 관광객용이 아닌, 중국요리의 '민낯'은 어떤 것일까. 펄 벅의 소설 『대지』에서 그 실마리를 조금이나마 찾아볼 수 있다. 『대지』의 배경은 19세기 말~20세기 초 중국 안후이성安徽省의 한 시골 마을이다. 오늘날 중국 8대 요리로 불리는 '후이차이徽菜'[13]는 바싹 튀겨낸 생선 조림이나 자라탕 등이 유명하지만, 주인공 왕룽이 가난한 농부인 관계로 소설에는 이런 메뉴들 대신 서민들이 먹는 소박한 음식이 주로 등장한다.

왕룽이 결혼식을 올리는 첫 장면에서 아버지와 왕룽이 나누는 대화를 보면 그 당시 농민들의 식량 사정을 짐작해 볼 수 있다. 중국의 상징과 같은

13) 안후이 지방의 요리를 뜻한다. 루차이(산둥 요리), 쑤차이(장쑤 요리), 웨차이(광둥 요리), 촨차이(쓰촨 요리), 민차이(푸젠 요리), 샹차이(후난 요리), 저차이(저장 요리)와 함께 중국의 8대 요리 계통으로 꼽힌다.

차茶는 생각보다 귀했는지 뜨거운 물에 찻잎을 넣어 주는 아들에게 아비지는 "은銀을 먹는 것과 마찬가지야!"라며 화를 낸다. 왕룽이 뻑뻑하고 누런 옥수수죽을 부친에게 아침상으로 차려주며 "저녁은 쌀밥이에요."라고 하는 장면에서는 한국과 마찬가지로 잡곡보다 흰쌀이 더 귀한 식량이었다는 것을 알 수 있다.

성내에서 돼지고기와 쇠고기, 생선, 두부와 갖가지 양념을 사 가지고 신부 오란이 하녀로 일하는 황부잣집을 찾은 왕룽은 장바구니를 누가 훔쳐 갈까 안절부절한다. 이런 왕룽의 모습에 문지기는 그의 마음을 들여다보기라도 하듯, "고기나 생선 따윈 여기서 개밥밖에 안 돼!"라며 놀려댄다. 왕룽에게는 혼례를 위한 사치였지만 실상은 제대로 갖추지 못한 재료를 가지고 신부 오란은 맛있는 잔칫상을 솜씨 좋게 차려 낸다.

오란이 시집온 이후 조금씩 유복해지는 왕씨 일가. 1년이 지나고 설이 다가오자 오란은 묵직한 돌절구에 빻은 쌀가루와 돼지기름, 흰 설탕을 섞어 '월병'이라는 과자를 만든다. 황부잣집 같은 대갓집이 아니면 구경도 하기 힘든 것이라는 이 과자에 오란은 산초 열매나 푸른 건포도로 예쁜 무늬까지 새겨 넣는다. 왕룽과 아버지는 과자를 보며 들뜨지만, 사실 이 귀한 월병은 황부잣집 마나님을 위한 선물이었다. 장식 없는 월병 맛을 칭찬하는 손님들을 보며 왕룽은 더 좋은 과자가 있다고 외치고 싶은 마음을 간신히 억누른다.

『대지』에서 가장 인상적인 장면 중 하나인 이 대목에는 아쉽게도 작가의 실수가 들어간 듯하다. 월병은 설이 아

월병 / CC0 1.0.

중국 쑤저우 관광지의 다양한 간식거리

니라 우리나라 추석에 해당하는 중추절中秋节에 먹는 과자다. 게다가 원작에는 '쌀가루'라고 묘사돼 있는데 월병의 종류가 지역마다 다양하기는 하지만 대부분 밀가루로 만들며, 쌀가루로 만든 월병은 찾아보기 어렵다. 작가가 중국에서 오랜 시간 살았다고는 하지만 외국인이라는 한계 탓인지 『대지』에서는 이런 오류들이 종종 발견된다.

세월이 흘러, 두 아들과 예쁜 딸을 낳고 살아가던 이들 일가의 행복은 갑작스럽게 닥친 대기근으로 산산조각이 나고 만다. 이 시기에 등장하는 음식들은 말 그대로 '안습'에 가까운 빈곤함을 보여준다. 계속되는 굶주림에 산에서 자라는 나무뿌리며 잡초마저 바닥이 나고, 평소 같으면 땔감으로나 쓰던 옥수숫대도 식량이 된다. 아이들은 곰팡이 핀 콩 한 줌에 아귀처럼 달려들고 결국 흙가루를 물에 타 먹으며 허기를 달랜다. 마을 사람들 몇몇이 갓난아기를 잡아먹는다는 흉흉한 소문까지 퍼지면서 일가는 가재도구를 팔아 남쪽으로 향한다.

이들이 고향을 떠나 이주한 장소는 '강소江蘇'라는 도회지다. 강소는 오늘날의 중국 장쑤성江蘇省을 말하며 어느 도시라고 정확한 지명이 나와 있지는 않지만 정황상 상하이 혹은 난징으로 추측된다. 이 지역은 중국사를 공부할 때 자주 등장하는 양쯔강 이남의 '강남' 지역으로 따뜻한 날씨에 사시사철 먹거리가 풍부한 고장이다. 중국에서는 전통적으로 부자 동네로 분류되는 지역이기도 하다.

왕룽이 바라본 이곳의 풍경은 별천지 그 자체다. 시장에는 고기며 채소가 넘쳐나고 그날 아침 갓 잡은 물고기와 게 등이 수조 안을 헤엄친다. 이곳 사람들은 돼지기름과 죽순, 밤을 넣고 찐 닭과 거위 내장 등을 즐겨 먹는다고 묘사돼 있다. 곡물만 해도 쌀과 밀, 대두와 팥, 누에콩, 깨 등이 즐비하고 푸줏간에는 돼지 한 마리가 붉은 살점과 여러 겹의 기름진 비계를 드러내며 걸려 있다. 그 밖에도 남경 오리로 추정되는 갈색으로 구워진 오리와 소금에 절인 오리 내장, 꿩이나 거위 같은 다양한 가금류가 눈을 사로잡는다.

채소 종류로는 빨갛고 하얀 무를 비롯해 연근과 토란, 양배추와 샐러리, 숙주와 밤, 냉이 등이 흔하다고 묘사됐다. 그 밖에도 달콤한 과일과 견과류, 연갈색으로 따끈하게 튀겨진 고구마와 돼지고기 찐만두, 찹쌀로 만든 떡 등의 간식이 있어 아이들은 각자 구미에 맞는 것을 골라 얼굴이 기름과 설탕 범벅이 될 정도로 먹어 치운다.

왕룽 일가는 이 풍요로운 도시에서 구걸과 품팔이를 하며 쌀죽과 빵 조각을 식량으로 근근이 살아간다. 굶는 일은 없었지만 땅을 잃은 농부의 삶은 비참하기만 하다. 어린 딸을 팔 생각을 할 정도로 절망에 빠져 있던 왕룽. 그런데 이 도시에 갑작스러운 전쟁이 터지고 폭동이 일어나면서 이들은 생각지 않게 엄청난 액수의 돈을 얻어 다시 고향으로 돌아간다.

돌아온 고향에서 이들 일가는 왕룽이 가져온 은화와 오란이 몰래 숨겨

두었던 보석 덕분에 몰락한 황씨 집안의 땅을 사들여 곧 거부가 된다. 그러나 가난을 벗어난 왕룽은 풍요로움에 취해 아내를 멀리하고 차관에서 몸을 팔던 기생 렌화를 첩으로 들인다. 돌부처도 시앗을 보면 돌아앉듯 오란은 렌화의 존재에 괴로워하는데… 특히 어린 시절 자신을 괴롭힌 황부잣집 첩 두쥔이 렌화의 하녀로 들어오자 오란의 분노의 화살은 그녀에게로 향한다.

결국 두쥔은 왕룽을 졸라 별채에 따로 부엌을 만들어 달라고 하는데, 이들의 씀씀이는 왕룽의 재산을 조금씩 갉아먹는다. 두쥔이 사들이는 음식들은 양귀비가 즐겨 먹었다는 여지와 견과류, 꿀에 절여 말린 대추, 각종 떡과 붉은 설탕, 값비싼 민물고기 등이다. 왕룽 일가가 부유해지면서 이런 식재료들은 사치품이 아니라 일상식이 되고, 나중에는 렌화 이외의 식구들도 제비집과 비둘기 알 같은 귀한 음식들에 익숙해진다. 한편 왕룽이 농사꾼으로 있을 때 즐겨 먹던 마늘 넣은 빵이며 옥수수죽은 잊힌 음식이 되어 사라진다.

영어로는 리치lycee라고 불리는 여지는 한국보다 과일이 훨씬 저렴한 편

정제하지 않은 사탕수수액으로 만든 중국의 붉은 설탕. 생리통 완화, 산후 조리에 좋다고 알려졌다. / 사진 출처: Ping an Chang on Wikimedia Commons, CC BY-SA 4.0.

인 중국에서도 꽤 값나가는 종류에 속한다. 흔히 뷔페에서 보게 되는 이 열매는 냉동으로 먹으면 제맛을 느끼기가 어렵다. 대부분의 과일이 마찬가지이긴 하지만, 특히 여지는 선도가 빨리 떨어지기 때문이다. 어느 정도인가 하면 당나라 현종은 양귀비가 좋아하는 여지를 공수하기 위해 머나먼 강남에서 수 대의 파발마를 바꿔가며 요즘 말로 '총알 배송' 해올 것을 명했다. 나중에는 파발마로도 모자라 나무를 뿌리째 뽑아 배에 실어 오기까지 했다니 당나라의 국운이 쇠한 것도 무리는 아니다.

하지만 정작 『대지』에서 시선을 끄는 음식은 남쪽 도시의 풍요로운 먹거리나 왕룽 일가가 부자가 됐을 때 먹는 사치스러운 메뉴가 아니다. 가난한 농민의 음식이지만 기운을 돋우는 데 더없이 좋았을 마늘은 왕룽에게 소울 푸드와 같다. 오란이 처음 만나는 왕룽에게 받은 딱딱한 청복숭아는 무뚝뚝한 신랑이 준 귀중한 사랑의 증표이며, 첫아이를 낳고 왕룽이 더운 물에 타주었을 붉은 설탕물은 가난하지만 행복한 시절의 소소한 사치를 보여준다. 참고로 '붉은 설탕'이라고 불리는 홍탕紅糖은 우리의 흑설탕과 비슷하지만 정제하지 않은 사탕수수액으로 만들어 각종 영양소가 살아 있고 몸을 따뜻하게 해주는 보양식으로 여겨진다. 한국의 미역국처럼 산모나 생리 중인 여성들을 위한 식품이기도 하다. 작가 펄 벅은 소설 속 인물들이 먹는 이런 음식들을 매개로 사람다운 온기를 표현하고 싶었던 게 아닐까.

참고문헌

- 펄 벅, 『대지』, 홍사중 옮김, 동서문화사, 2009.
- 우샤오리, 『중국음식』, 김영사, 2004.
- 프랜시스 케이스 편저, 『죽기 전에 꼭 먹어야 할 세계 음식 재료 1001』, 박누리 옮김, 마로니에북스, 2009.
- Pearl S. Buck, Oriental Cookbook, Methuen, 1974.

조용한 여성들이 남긴 치열한 삶의 기록

킴 투이의 『만』과 베트남 음식

90년대 한국에 들어온 몇 안 되는 베트남 영화가 바로 트란 안 홍 감독의 〈그린 파파야 향기〉다. 아름다운 영상미로 잘 알려진 이 작품은 부잣집 식모살이를 하게 된 열 살 '므이'가 부엌에서 부지런히 음식을 만드는 모습이 대부분을 이룬다. 묵묵히 일하는 소녀의 모습이 이국적인 풍경과 어우러져 신비로운 분위기를 자아낸다.

이 작품은 사실 서구인들이 흔히 갖는 '조용한 아시아 여성'이라는 판타지를 어느 정도 반영하고 있다. 므이 역시 주어진 환경에 자연스럽게 적응하고, 나중에는 짝사랑하던 도련님의 선택을 받아 새로운 인생을 살게 된다. 하지만 스크린 밖 실제 베트남 여성들은 굴곡진 현대사를 헤쳐 가며 누구보다도 치열한 삶을 이어 왔다.

베트남 출신의 캐나다 작가 킴 투이는 보트피플에서 이민자로 정착하기까지의 경험을 바탕으로 고국 여성들이 겪어온 다채로운 이야기를 담담하게 풀어낸다. 이들은 "인생이라는 싸움에서는 슬퍼하면 진다."라는 속담처럼 조용히 운명에 순응하는 듯하지만, 결국은 강인한 의지로 어려움을 극복해 나간다.

작가는 2018년 대안 노벨문학상으로 불리는 뉴아카데미문학상 수상 당시 "남편들과 아들들이 등에 무기를 지고 다니는 동안 여인들이 베트남을 짊어지고 있었다. 남자들이 정글에서 나와 논두렁을 걸어 다니기 시작한 뒤에도 여자들의 등에는 여전히 소리 나지 않는 베트남의 역사가 얹혀 있었다."라는 말로 동포들을 향한 헌사를 남겼다.

데뷔작인 『루』가 전쟁에 휘말려 베트남을 떠난 일가의 여정을 그리고 있다면 두 번째로 출간된 장편소설 『만』은 프랑스인 아버지와 베트남인 어머니 사이의 사생아로 태어난 소녀가 낯선 땅에 닻을 내리고 정착하는 이야기를 담고 있다. 전쟁 중 어머니에게 버림받고 고아가 된 만은 '두 번째 엄마'라고 불리는 한 수녀에 의해 거둬진다. 만이 성인이 될 때까지 양육한 세 번째 엄마는 그녀를 캐나다에 보트피플로 정착한 베트남 남자와 결혼시킨다.

낯선 땅 캐나다에서 만은 요리사로서의 재능을 발견하고, 남편과 함께 식당을 운영한다. 그녀의 이름을 따 몬트리올에 개업한 식당의 메뉴는 두 종류로, 단골손님들이 요청한 음식 혹은 만과 가족들의 추억이 담긴 음식이다. 만이 만들어내는, 고국의 색과 향이 살아 있는 요리는 베트남인의 정신세계와 문화를 상징한다.

소설의 초반부에는 두리안 이야기가 등장한다. 만의 아머니는 두리안 나무 아래에서 아버지를 마지막으로 만났다고 한다. 베트남에서 '서우 리엥'이라고 불리는 두리안은 '개인적인 슬픔'이라는 의미를 갖고 있다. 작가

자전거에 두리안을 싣고 팔러 다니는 행상

는 "사람들이 두리안의 뜻을 자주 쉽게 잊는 것은 아마도 두리안에 담긴 슬픔이 가시 돋은 두꺼운 껍질 아래 따로따로 밀폐된 방들에 봉인된 과육을 닮았기 때문일 것이다."[14]라고 묘사한다.

동남아시아 여행객들이 한 번씩은 맛본다는 두리안은 '과일의 왕'으로 불리며 뛰어난 맛과 대조되는 묘한 악취로도 유명하다. 호텔이나 비행기에는 아예 반입을 금지할 정도다. 맛 자체로도 호불호가 갈린다. 우리가 알고 있는 상큼하고 시원한 느낌의 과일이 아니라 묵직하고 크림 같은 질감이 낯설다는 이들이 많다. 두리안을 가장 맛있게 먹는 방법은 잘 익은 과일을 고르는 데 익숙한 현지인의 도움을 빌리는 것이다.

베트남의 국민 음료로는 커피가 꼽힌다. 베트남 커피는 유리컵 위에 개인용 양철 필터를 올린 채 드립이 되는 동안 서빙되며, 그래서 서빙된 후에도 드립이 다 될 때까지 몇 분을 기다린 후 마신다. 일 년 내내 더운 베트남에서는 연유가 들어가 달콤한 커피를 시원하게 얼음 잔에 넣어 즐기기도 한다. 여행 예능 프로그램을 통해 알려진 '쯩'은 생달걀 노른자를 거품 내어 커피에 섞은 것이다. 커스터드 같은 풍미의 찐득한 노른자가 위벽을 보호하는 역할을 하는데, 70~80년대 우리나라 다방의 모닝커피를 연상시킨

14) 킴 투이, 『만』, 윤진 옮김, 문학과 지성사, 2019, p.46.

컵 위에 필터를 올려 내리는 베트남식 커피. 컵의 아래쪽에는 연유가 깔려 있다.

다. 차가운 코코넛밀크를 부어 마시는 커피도 별미다.

만은 작가가 되어 파리를 방문했다가 '룩'이라는 남성을 만나고, 그는 만에게 자신의 베트남인 어머니를 위해 요리를 해달라고 부탁한다. 어머니가 항상 만들어 왔다는 베트남 요리는 생선 젓갈인 느억맘 냄새가 강하게 난다. 여기에 데친 양배추 혹은 둥글게 썬 오이, 그리고 밥과 함께 식탁을 차린다.

느억맘은 우리나라의 된장, 고추장처럼 어디에나 빠지지 않는 식재료다. 작은 생선을 발효시켜 만드는 느억맘은 특유의 강한 풍미에 간장과 비슷한 적갈색을 띤다. 밥에 비벼 먹거나 간을 맞출 때 쓰고 각종 디핑 소스에도 활용한다. 멸치와 비슷하게 생긴 까껌ca com이라는 5센티미터 길이의 작은 생선을 나무 통에 넣고 소금을 켜켜이 넣어 6개월에서 1년 정도 발효시

반쎄오 / 사진 출처: Florence Luong on Flickr, CC BY 2.0.

킨다. 음력 4월부터 8월 사이에 잡힌 생선으로 만드는 것이 가장 맛이 좋다고 한다. 대부분의 발효 식품이 그렇듯, 느억맘도 익숙하지 않은 사람에게는 거부감이 들 수 있다.

만이 뤅을 위해 만드는 반쎄오는 숙주와 고기, 해산물 등으로 속을 채운 크레이프의 일종이다. 쌀가루를 반죽해 식감이 파삭한 이 요리는 베트남 남부 관광지에서 흔히 맛볼 수 있는 길거리 음식이기도 하다. 기름을 두르고 뜨겁게 달군 팬 위에 묽은 쌀가루 반죽을 부을 때 나는 강렬한 '치익' 소리에서 이름이 유래했다. 만은 반쎄오를 만들면서 "나는 그에게 새가 날갯짓 한 번 하는 짧은 순간에 얇은 껍질이 입안에서 녹아 사라져버리는 느낌을 맛보게 해주고 싶었다."[15]고 말한다.

그밖에 "수많은 사랑 이야기가 태어나는 자리를 함께하는" '쩨'라는 디저트도 나온다. 쩨는 베트남식 빙수 디저트로 젤리, 팥, 코코넛밀크, 떡 등이

15) 같은 책, p.187.

들어간다. 따끈하게도, 차갑게 해서도 먹을 수 있으며 건더기가 많아 속이 든든하다. 학생들이 방과 후 흔히 먹는 간식으로 알려져 있다. 경제 개방 이후 우리나라의 쌀 음료 '아침햇살'이 인기를 끈 것은 쩨와 비슷해 친숙하면서 좀 더 위생적이라는 인식 때문이다.

고향을 추억하기에 가장 좋은 소재는 역시 명절 음식일 것이다. 같은 한자 문화권인 베트남에서는 우리나라처럼 음력설을 지낸다. 새해 첫날이면 세뱃돈을 주며 덕담을 나누는 것도 한국과 비슷하다. 아시아 다른 지역처럼 베트남 사람들도 떡으로 새해를 시작하는데 북부에서는 '반쯩', 남부에서는 '반뗏'을 먹는다. 둘 다 찹쌀과 녹두, 돼지고기를 잎으로 싸서 만드는데 반쯩은 종Dong나무의 잎인 '라종'을 이용해 땅을 나타내는 네모난 형태로 만든다. 반뗏은 바나나 잎으로 싸서 만들며 하늘을 상징하는 둥근 모양이다.

한편 베트남 음식 하면 우리나라 사람들이 제일 먼저 떠올리는 메뉴가 바

거리에서 쩨를 사 먹는 1969년의 베트남 아이들 / 사진 출처: manhhai on Flickr, CC BY 2.0.

로 '퍼'이다. 얇고 납작한 쌀국수에 쇠고기나 닭고기로 낸 육수를 붓고 숙주와 고수, '모닝글로리'라고 불리는 공심채를 듬뿍 넣는다. 느억맘이나 굴소스, 마늘 식초, 칠리 등으로 다양하게 양념해서 먹는데 현지에서 먹는 퍼는 향신료의 풍미가 강하며 생각보다 기름진 편이다. 베트남이 프랑스의 식민지이던 시절 프랑스인들은 쇠고기와 야채를 넣은 냄비 요리 '포토푀pot-au-feu'를 만들어 먹었는데, 보통 국물은 남기고 건더기만을 먹었다. 바로 이 포토푀 국물에 국수를 말아 먹었던 것이 퍼의 기원이라고 한다.

베트남 요리가 서구에 알려진 것은 베트남 전쟁 이후 북미로 건너온 보트피플에 의해서다. 보트피플의 대부분은 고향을 빼앗긴 남베트남인으로, 이들이 미국에 차린 베트남 음식점이 한국으로 건너와 보편화된 것이다. 즉 우리가 알고 있는 베트남 음식은 상당수가 남베트남 요리라고 할 수 있다. 비교적 최근에 알려진 냉국수 '분짜' 같은 메뉴는 북베트남식으로, 동구권 유학생 등이 현지에 정착하면서 소개됐다.

베트남식 쌀국수 '퍼'
사진 출처: Kham Tran on Wikimedia Commons, CC BY 3.0.

베트남 요리를 키워드로 요약하자면 쌀, 느억맘, 고수, 라임을 꼽을 수 있다. 쌀이 풍부한 지역이므로 샌드위치인 '반미'에 쓰이는 빵도 쌀로 만든 것이다. 느억맘과 고수는 베트남 요리만의 독특한 풍미를 책임지며 라임은 더운 날씨에 식중독을 막고 입맛을 돋우기 위해 사용된다. 오늘날 전 세계에서 베트남 음식이 차지하는 위상은 민족이 분열되는 와중에서도 문화적 정체성을 지키기 위해 노력한 결과라 할 수 있겠다.

참고문헌

- 킴 투이, 『만』, 임지수 옮김, 문학과지성사, 2019.
- 『그랑 라루스 요리백과』 중 "베트남".
- 문학과 지성사 책 소개
- The Canadian Encyclopedia, "Kim Thúy".
- Anrea Nguyen, Vietnamese Food Any Day: Simple Recipes for True, Fresh Flavors, Ten speed Press, 2019.
- "Vietnamese Food: 40 delicious dishes you'll love", CNN Travel, September 13, 2017.

극한의 환경에도 지지 않는 영혼의 힘

하인리히 하러의 『티베트에서의 7년』과 티베트 음식

이 글을 쓰는 2022년 3월, 러시아의 우크라이나 침공 소식이 연일 국제뉴스 첫머리를 장식하고 있다. 한때 구소련 위성국이었던 우크라이나는 독립 후에도 끊임없이 러시아 정부의 견제와 간섭을 받아왔으며, 지금의 유혈 사태는 수십 년간의 갈등이 누적된 결과라고 볼 수 있다.

인종과 문화가 다른 이들을 한 나라의 지배 아래 두면 분쟁과 충돌은 피할 수 없는 일이다. 특히 조선족을 포함한 소수 민족들을 '하나의 중국'이라는 틀에 묶어 문화·경제적으로 우위를 점하려는 중국의 움직임은 주변국들에게도 위협으로 다가온다. 그중에서도 티베트인들은 망명 정부로 명맥을 근근이 이어가며 힘겨운 싸움을 하는 중이다.

브레드 피트 주연의 영화로 더 유명한 수기 『티베트에서의 7년』은 한 서양인의 눈에 비친 티베트인들의 삶과 민족정신을 담담히 그려낸 작품이다.

오스트리아 출신 산악인 하인리히 하러Heinrich Harrer는 제2차 세계대전 중 수용소를 탈출, 생사를 넘나드는 등반 끝에 티베트의 수도 라싸에 당도한다. 하러는 당시 열세 살이던 14대 달라이 라마의 선생님이 되어 서구 문명을 가르치게 된다. 그러나 7년의 시간을 함께 하면서 영혼을 치유하고 내면의 평화를 얻은 것은 오히려 선생님 역할을 해온 하러 쪽이었다. 그는 어린 달라이 라마를 마음의 스승으로 여기며 진정한 우정을 나눈다.

그러던 어느날, 조용하고 평온했던 티베트는 마오쩌둥이 이끄는 중국 인민해방군의 총칼에 짓밟힌다. 중국 공산당은 티베트를 중국의 '옛 영토'로 규정했으며 라마교 신앙과 전통문화는 불경한 것으로 취급받아 배척당한다. 고국에서 설 자리를 잃은 달라이 라마는 국경을 넘어 망명 정부를 설립하고 정체성을 지키기 위해 고된 길을 택한다.

중국과 인도 사이에 위치한 티베트 지역에는 고대부터 이미 지속적으로 국가가 자리 잡고 있었다. 기원전 2세기에 여러 나라가 등장한 것으로 알려졌으며 최초의 통일 국가는 6~7세기경 선비족 탁발씨의 후손인 송첸캄포松贊干布(581~649)가 여러 부족을 통합해 세웠다. 그는 633년 라싸를 수도로 삼아 티베트 왕조를 열었고 네팔 공주 브리쿠티 데비를 왕비로, 당 태종의 조카인 문성공주文成公主(625~680)를 후궁으로 들였다.

티베트는 당나라를 위협하며 9세기 중엽에 이르기까지 중앙아시아에서 위세를 떨쳤다. 이 시기의 티베트는 토번吐蕃이라 불렸고 티베트 문자를 사용했으며, 3세기 동안 9대의 왕이 다스렸다. 이후 13~14세기에는 원나라의

유목민들이 젖과 고기를 얻기 위해 기르는 야크

간접적 지배를 받기도 했으나, 티베트인들은 정복된 한족들보다 훨씬 높은 지위를 확립했다. 1750년에는 청나라 건륭제에 의해 보호령이 되고 한족보다 우대받으며 만주족과 동급의 지위를 확립했다.

1912년 청나라가 멸망한 이후 티베트의 13대 달라이 라마는 중화민국으로부터 완전한 독립을 선언한다. 하지만 독립 이후 중화민국의 역대 정권과 군사적인 긴장 상태가 이어졌으며 2차 대전이 끝난 후인 1949년에는 중국 인민해방군에 의해 주권을 빼앗기게 된다.

2000년대 이후에는 대륙을 가로지르는 철도가 개설되고 중국 정부의 적극적인 동화 정책이 시행됨에 따라 티베트인들의 정체성은 조금씩 옅어지는 추세다. 하지만 이 지역의 전통문화는 여전히 인접한 인도와도, 중국과도 구분되는 색다른 형태를 띠고 있으며, 외국인이 보기에는 여러모로 신기하고도 이질적인 요소가 많다. 그리고 이 독특한 문화는 고산지대라는 험준한 환경에서 어떻게든 살아남고자 했던 토착민들의 눈물과 애환을 밑거름 삼아 피어났다.

티벳식 아침 식사 / 출처: Ritesh Man Tamrakar on Wikimedia Commons, CC BY-SA 2.0.

티베트 영토의 대부분을 차지하고 있는 고원은 춥고 건조한 내륙성 기후이다. 논이나 밭을 이루기에는 땅이 너무나 척박해 농업은 소규모로만 이뤄졌고 유목이 상대적으로 발달했다. 이 때문에 티베트인들이 먹는 음식에서 곡물이나 채소는 그 비중이 낮은 편이다. 초원을 떠돌며 유목 생활을 하는 몽골인들의 식습관도 티베트와 비슷한 면이 많다.

이곳에서 주로 소비되는 곡류는 바로 보리다. 티베트인들은 수염이 짧고 껍질이 쉽게 벗겨지며 해발고도 4,000미터가량의 고지대에서도 잘 자라는 '청과맥'이라는 이름의 쌀보리를 주식으로 한다. 주로 찌거나 가루를 내어 먹는데, 보릿가루에 설탕을 섞어 손으로 반죽해 만드는 짬파tsampa가 대표적인 메뉴이며 그대로 죽으로 먹거나 경단 형태로 빚어 버터를 곁들인다. 우리나라의 미숫가루와 비슷한 맛이 나며 식감은 다소 퍽퍽하다.

티베트는 차를 재배하기 어려운 환경이지만 이곳 사람들도 차를 일상적으로 즐겨 마신다. 오래전 KBS에서 방영된 다큐멘터리 〈차마고도〉는 중국과 티베트의 교역이 이뤄지던 험준한 히말라야 산길을 배경으로 하고 있다. 중국 윈난성에서 생산되는 차는 차마고도를 통해 티베트로 공급되고, 중국 상인들은 대신 티베트의 말을 사 가지고 돌아갔다. 이런 불편을 감수하면서까지 티베트인들이 차를 마셨던 이유는 식물이 자라기 어려운 열악한 환경에서 어떻게든 비타민 보충을 해야 했기 때문이다.

티베트인들은 윈난성에서 들여 온 보이차에 버터와 소금을 섞어 마시는데 이를 쓰차, 혹은 수유차酥油茶라고 부른다. 이때 들어가는 버터는 우리가 아는 우유 버터가 아닌 고원에 사는 야크의 젖으로 만드는 것이다. 찻잎을 쪄서 발효시키고 굳힌 덩어리와 천연 소다 등을 냄비에 물과 함께 넣고 걸쭉해질 때까지 끓인다. 이 액체를 여과시켜 분리하고, 나무 통에 넣은 다음 버터, 소금, 우유를 넣고 봉으로 위아래로 교반한다. 각각의 재료가 잘 섞

수유차와 짬파

이도록 수십 번 교반 작업을 해야 하므로 상당한 중노동이다. 차에 들어가는 버터는 추운 지역에서 몸을 덥히는 역할을 한다. 수유차는 주로 보릿가루를 뭉친 짬파를 곁들여 마신다.

그밖에 티베트의 대표적인 요리로는 수제비와 비슷한 뗀뚝thenthuk이 있다. 양파와 양배추, 마늘, 고추가 들어가며 고기를 넣어 육수를 내기도 한다. 국물에 수제비 대신 국수를 넣으면 뚝파thukpa가 되는데 그 맛은 중앙아시아의 면 요리 라그만과 비슷하다.

비교적 한국 사람의 입맛에 잘 맞는 메뉴로는 동그란 모양의 만두가 유명하다. 만두 종류로는 밀가루 소에 고기와 야채, 파니르 치즈를 넣은 동그란 형태의 모모momo와 이 모모를 튀긴 코테kothay` 모모가 대표적이다. 군만두와 비슷한 형태에 파이에 가까울 정도로 커다란 샤팔레이sha paley도 있다.

주식에 해당하는 빵은 인도 빵 난과 비슷한 박레bhakle와 튀김 빵 요상박레를 주로 먹는다. 중국의 꽃빵과 유사한 팅모tingmo는 티베트식 커리에 찍어 먹는다. 쌀 요리는 볶음밥의 일종인 뎅오dre-ngo, 건포도와 캐슈너트를 넣고 지어 달달한 맛이 나는 데실dresil이 유명하다. 그밖에 고기에 피망, 고추 등을 넣어 볶은 샵타shap ta, 치즈와 버터, 흑설탕을 섞은 경단 형태의 팝자 모구 등이 있다.

티베트는 지리상 중국 칭하이성과 부탄, 인도와 인접해 있어 음식도 주변 지역의 레시피에서 영감을 받은 것들이 많다. 우리나라에서는 홍대입구역 부근 '포탈라'라는 레스토랑에서 티베트 요리를 맛볼 수 있는데 아무래도 한국인들에게는 낯설어서인지 티베트 전통 요리보다는 인도, 네팔 요리의 비중이 높다고 한다.

한편 하인리히 하러는 티베트에서 접한 낯선 문화와 이들의 독특한 사고방식을 책에서 소개한다. 한 예로 티베트인들은 죽은 이의 시신을 땅에 묻거나 태우는 대신 독수리 떼가 오가는 산골짜기에 방치한다. 새들이 고인의 몸을 뜯어 먹으면 다음 생에 환생할 수 있다는 믿음 때문이다. 또한 이들은 생일보다 죽은 날을 중시하며, 재산을 자녀에게 물려준다는 개념이 없다. 오늘날 중국에 맞서 외로운 싸움을 이어가고 있는 티베트 망명 정부의 모습은 자신만의 삶의 방식을 지켜내려는 이들의 의지를 보여주고 있는지도 모른다.

참고문헌

- 베키 존스톤, 『티벳에서의 7년』, 박천기 옮김, 맑은소리, 1997.
- 〈차마고도〉 1~6부, KBS 1, 2007.
- 〈티베트의 전통식 아침 식사〉, EBS, 2009.
- Li Tao & Jiang HOng Ying, Series of Basic Information of Tibet of China -Tibetan Customs, Intercontinental Press, 2003.
- "Dipping a Donkey-Ear in Butter-tea", Shadow Tibet, January 20, 2010.

복잡다난한 민족사, 다채로운 문화의 매력

줌파 라히리의 『축복받은 집』과 인도 음식

이탈리아 만토바에서 열린 행사에 참석한 줌파 라히리
사진 출처: Carlo.benini on Wikimedia Commons, CC BY-SA 3.0.

〈부부클리닉 사랑과 전쟁〉이나 〈금쪽같은 내새끼〉 같은 TV 프로그램에는 소위 '콩가루 집안'이 필수 요소로 등장한다. 시청자들은 "저런 가족이 실제로 있다고?" 하며 혀를 끌끌 차게 마련이다. 그런데 막상 프로그램 제작자들의 이야기를 들어보면 반전이 있다. 실제 사례 중 그나마 방송 가능한 수준만 소재로 채택된다는 것이다. 드라마보다 현실이 훨씬 막장인 셈이다.

하지만 사람들은 이런 막장 가족사가 남의 일만은 아니라는 사실을 잘 인식하지 못한다. 겉으로 보기에 화목해 보이는 집안도 알고 보면 크고 작은 갈등을 겪고 있다. 특히 한국처럼 급격한 변화를 겪어온 나라에서 갈등은 부정하기보다는 어쩔 수 없이 받아들여야 할 현실에 가깝다.

인도계 영국인 작가 줌파 라히리의 소설 속 이야기가 우리에게 낯설지 않게 다가오는 이유도 거기에 있을 것이다. 1967년 영국 런던의 벵골 출신 이민자 가정에서 태어난 그녀는 어린 시절 미국으로 이주한 후 로드아일랜드에서 성장했다. 바너드대학에서 영문학을 전공하고, 보스턴대학교 문예창작과 대학원에 재학중 단편 소설을 쓰기 시작했다.

1999년 첫 소설집 『축복받은 집』을 출간하면서 라히리는 오헨리문학상과 펜/헤밍웨이상을, 이듬해 퓰리처상을 받았다. 두 번째 책이자 첫 번째 장편 소설인 『이름 뒤에 숨은 사랑』 또한 미국 내에서만 80만 부의 판매를 기록했다. 세 번째 작품 『그저 좋은 사람』은 《뉴욕 타임스》 선정 10대 도서, 《타임》 선정 최고의 책 등 유수 매체에서 우수 도서로 선정됐다. 또한 오바마 전 대통령은 가장 좋아하는 소설가로 라히리를 꼽기도 했다.

인도 혈통에 영국 출생, 미국 거주라는 문화적 배경을 가진 만큼 그녀의 작품 세계를 '어느 나라 문학'이라고 규정짓기는 어려울 것이다. 영어로 『파친코』를 써낸 이민진 작가나 본인을 한국계 일본인이라고 지칭하는 가네시로 가즈키도 비슷한 경우다. 이들은 한국인 부모를 가졌지만 한국에서 태어나고 자라온 이들과는 다른 경험과 사고를 갖고 있다.

과거에는 이런 부분에 대해 디아스포라로 인해 한민족의 정체성이 분열되는 것으로 여기는 이들이 많았다. 이민 1세대와 2세대 자녀 사이에서 가치관이 부딪칠 수밖에 없었던 이유이기도 하다. 그러나 이제는 오히려 새로운 환경에서 파생된 조금 다른 정서가 한국, 나아가 세계 문화를 더욱 풍부하게 만들어 주는 요인이라는 인식이 자리 잡기 시작했다.

『축복받은 집』에 실린 단편들은 대부분 미국을 무대로 한다. 등장인물은 인도인, 인도계 미국인, 백인 등으로 다양하다. 그런데 이들이 나누는 대화와 느끼는 감정, 조금씩 삐걱거리는 갈등의 양상은 왠지 많이 보아온 듯 익숙한 모습이다. 특히 가장 가까운 가족끼리 서로 소통의 어려움을 겪는 이야기는 이민자가 다수를 차지하는 미국 사회에서 많은 공감을 이끌어 낼 수 있었을 것이다.

첫 번째 단편인 「일시적인 문제」의 주인공은 아이를 사산한 부부다. 정전으로 주변이 어둠에 잠기자 이들은 처음으로 서로의 아픔을 솔직하게 털어놓지만, 전기가 돌아오고는 다시 상처 주는 말을 내뱉고 만다. 「피르자다 씨가 식사하러 왔을 때」의 주인공 소녀는 자신과 같은 언어를 쓰는 손님이 갑작스럽게 다른 나라 국민이 됐다는 것을 알고 혼란을 느낀다. 또 다른 단편 「질병 통역사」는 짧은 순간 이끌린 남녀가 허망하게 엇갈리는 모습을 담고 있다.

라히리는 작품 속에서 인도인이 서구에서 받는 차별을 강하게 어필하지도, 세대나 남녀 갈등을 극단적으로 그리지도 않는다. 하지만 그의 담담한 묘사는 오히려 생각과 의지만으로 뒤집을 수 없는 현실을 냉정하고도 뼈아프게 드러낸다.

한편 작품의 곳곳에는 작가가 어린 시절부터 먹어 왔을 다양한 인도 음식이 양념처럼 등장한다. 양고기와 염소 고기, 처트니, 렌즈콩, 사모사 같은 이름들로 미루어 보아 소설 속 요리들은 아마도 북인도식일 것이다. 실제로 라히리의 부모는 인도 동북부의 벵골 지역 출신이며, 영국을 통해 전 세

다채로운 인도 음식 / 사진 출처: Mohans1995 on Flickr, CC BY-SA 4.0.

남부 인도의 음식 / 사진 출처: Mgn1611 on Wikimedia Commons, CC BY-SA 4.0.

계적으로 알려진 인도 음식도 북인도식이 대부분이다. 북인도 사람들이 고기와 빵을 많이 먹는 반면 남인도 요리는 쌀과 채소가 중심이다.

인도 요리를 상징하는 키워드로는 '마살라'가 있다. 커리 재료로 알려진 강황을 비롯해 육두구, 카더멈, 후추, 사프란 등 셀 수 없이 많은 향신료가 음식에 쓰이며 집집마다 장과 김치 맛이 다르듯, 마살라도 향료와 그 배합 비율에 따라 다른 맛을 낸다.

한때 인도에는 커리가 없다는 이야기가 퍼진 적이 있다. 이는 '커리'라는 단어가 우리나라의 찌개처럼 광범위한 의미를 가진다는 것을 몰라서 생긴 오해라고 할 수 있다. 재료와 양념, 지역에 따라 수많은 종류가 있는데 대표적으로 알려진 커리는 매운맛이 강한 고아 지방의 빈달루, 버터 치킨 커리로 알려진 펀자브의 마크니, 시금치와 치즈가 든 채식 커리 파니르 등이 있다.

여기에 빵이나 쌀밥을 곁들여 먹는 것이 인도식 상차림의 기본이다. '탈

다양한 커리에 빵 혹은 밥을 곁들여 먹는 인도식 상차림

리'라고 부르는 인도식 백반에 커리와 빵(혹은 쌀밥), 아차르라고 불리는 피클에 요거트 등이 쟁반 하나에 차려져 나온다. 아차르는 입에 침이 고이도록 해서 굳은 빵을 쉽게 넘길 수 있도록 하기 위해 먹었다고 알려졌다. 재료로는 망고, 레몬, 고추 등이 쓰인다.

인도 북부 사람들은 차파티, 난, 푸리 등 다양한 빵을 즐겨 먹는다. 인도 빵은 따뜻할 때 먹어야 부드럽고 맛이 있기 때문에 집에서 식사를 하는 동안 주부나 하인이 옆에서 끊임없이 빵을 구워 준다. 푸리는 차파티 반죽을 튀긴 것으로 기름에 넣으면 커다랗게 부풀어 오르며 맛이 고소하다. 주로 잔치 때 나오는 음식이다. 마치 호떡처럼 감자와 채소 등으로 속을 채운 빠라타는 좀 더 고급스러운 빵으로 통한다.

'인도' 하면 채식주의를 떠올리는 경우도 드물지 않을 만큼 채식 요리도 발달했다. 남부의 타밀족은 바나나 잎에 얹은 쌀밥과 채소를 주식으로 먹는다. 또 렌틸콩과 병아리콩, 감자가 채식 요리에 주로 쓰이는데 렌틸콩 수프인 달, 마살라로 양념한 감자를 얇은 피에 싸서 튀긴 사모사 외에 삶은 달걀을 넣은 커리 안다 마살라 등이 있다.

인도 인구의 다수를 차지하는 힌두교인들은 소고기를 먹지 않는 반면 무슬림은 돼지고기를 금기시하다 보니 대중 식당에는 닭고기 요리가 가장 많다. 닭고기에 각종 향신료와 요거트를 발라 화덕인 '탄

차파티 반죽을 튀긴 푸리

인도 고아 지방의 시장에 진열된 다양한 향신료들
사진 출처: sara marlowe on Flickr, CC BY 2.0.

두르'에 구워 먹는 탄두리 치킨은 남녀노소 누구나 좋아하며, 매콤한 양념이 한국인들 입에도 잘 맞는다.

그밖에 인도식 볶음밥으로 알려진 비리야니는 가늘고 푸석한 바스미티 라이스를 냄비에 넣고 커민, 캐러웨이, 육두구, 메이스, 고추, 강황, 정향, 후추 등을 조합한 마살라와 고기, 채소 등을 넣어 찐 요리다. 정확히 말하면 볶음밥보다는 냄비밥에 가깝다.

인도인의 식생활에서 빼놓을 수 없는 식재료를 하나 더 꼽자면 '기'가 있다. 기는 버터의 유청, 유당을 제거하는 정제 과정을 거쳐 만든 가공 버터를 말한다. 보통 버터보다 칼로리가 월등히 높으며 커리의 풍미를 살리는 데 그만이다. 힌두교를 믿는 인도인들은 '기'가 대지의 어머니인 암소의 젖으로 만든 것이라고 해서 신성하게 여긴다.

한국인에게 친숙한 인도 요리로는 디저트로 마시는 라씨가 대표적이다. 인도식 요거트인 '더히'에 물이나 우유를 부어 만드는 라씨는 사실 디저트나 간식이 아니라 커리가 너무 매울 때 매운맛을 중화시키기 위해 마시는 음료다. 각종 과일로 단맛을 낸 라씨는 한국에서 더 흔하며 인도인들은 플레인이나 솔티 라씨를 주로 마신다고 한다. 본격적인 인도식 디저트는 무굴제국 시절 이슬람의 영향으로 단맛이 강한데 약과와 비슷한 굴랍자문이 가장 유명하다.

인도의 역사와 언어를 살펴보면 우리로서는 뭐가 뭔지 모를 정도로 복잡한 면모가 드러난다. 이런 다양성은 민족 갈등의 원인이 되기도 했지만 한편으로는 다채로운 문화를 키워내는 원동력으로도 작용했을 것이다. 스스로의 정체성을, 마치 복잡한 태피스트리를 짜듯 그려낸 라히리 소설이 가진 매력도 여기에 있지 않을까.

참고문헌

- 줌파 라히리, 『축복받은 집』, 서창렬 옮김, 마음산책, 2013.
- 〈라자 라소이 왕의 요리, 그 뒷이야기〉, 넷플릭스, 2014.
- 홍지은, 『스파이시 인도』, 따비, 2017.
- 『교보문고 해외 저자 사전』 중 "줌파 라히리", 2014.
- "50 Most Popular Indian Foods & Beverages", tasteatlas.com

동서양의 문명이 화려하게 만나는 곳

『아라비안 나이트』와 중동 음식

오늘날 아랍, 하면 각종 테러가 빈번하게 일어나는 분쟁 지역이라는 인상이 강하다. 이슬람 신앙을 앞세워 인권을 탄압하는 곳이라며 선입관을 가진 이들도 적지 않다. 하지만 아랍에 대한 이런 스테레오타입은 대부분 서방 언론에 의해 만들어진 것이라는 점을 유념해야 한다.

1898년 런던에서 출간된 앤드루 랭의 『천일야화The Arabian Nights Entertainments』
사진 출처: saiko on Wikimedia Commons, CC BY 3.0.

서구 열강이 제3세계를 정복하기 전까지만 해도 아랍인들은 각종 문화 예술뿐 아니라 과학, 상업 등 다양한 분야에서 선진 문명을 쌓고 있었다. 폐쇄된 채 오랜 잠에 빠져 있던 중세 유럽에 르네상스의 바람을 불러온 것도 십자군 원정을 통해 전해진 이슬람 문명의 영향이었다.

당시 중동은 아시아와 유럽, 아프리카를 잇는 지역으로 각기 다른 세 문화권이 만나는 지점이자, 다양한 농작물과 재화가 오가는 세계의 물류 창고이기도 했다. 고대 중국에서 탄생한 국수가 지중해를 타고 유럽으로 건너가 오늘날의 파스타가 되었다고 보는 가설도 있다. 기독교와 총포는 반대로 서양에서 아시아로 유입되면서 근대 동아시아 사회의 변화를 이끌었다.

동서양의 다채로운 문명이 혼재되어 있던 아랍에서 문화, 특히 음식 문화가 호화스럽게 발달한 건 어찌 보면 자연스러운 현상이다. 사막이 대부분인 이 지역에서 곡물은 귀한 식재료였고, 엄격한 계율의 영향으로 먹을 수 있는 식품은 한정돼 있었다. 이런 제약에도 불구하고 아랍인들의 식탁을 풍성하게 해준 주역은 바로 달콤한 과일류다. 특히 뜨거운 태양과 건조한 기후는 이곳 과일들의 당도를 최대한으로 끌어올려 주었다.

이쯤 해서 『아라비안나이트』, 그러니까 『천일야화』에 가장 먼저 등장하는 음식을 만나보자. 그 주인공은 바로 아랍의 국민 간식인 대추야자다. 장사를 위해 사막을 건너던 어느 상인이 오아시스에서 식사를 마친 후 갑작스럽게 나타난 마신魔神과 마주친다. 알고 보니 그가 아무렇게나 내팽개친 대추야자 씨가 마신 아들의 눈에 맞는 바람에 아들이 죽고 말았다는 것. 마신은 상인의 목숨을 위협하고 이때 다른 상인 세 명이 나타나 마신을 저지하는데…

『천일야화』 뿐 아니라 아랍을 배경으로 하는 다양한 창작물에서 수도 없이 등장하는 과일이 바로 대추야자다. 대추와 비슷하지만 크기가 훨씬 크고 끈적한 당분을 머금은 대추야자는 사탕수수가 귀했을 때 설탕을 추출하는 용도로도 쓰였다고 한다. 길게는 몇 달씩 사막을 건너 여행하는 상인들에게 보존성이 높고 당분이 많은 대추야자는 꼭 챙겨야 할 필수 식량이었다. 한국인 입맛에는 상당히 단 편이지만 견과류 등을 곁들이면 곶감 호두말이와 비슷한 별미가 된다.

한편 「누르아디 알린의 아들」 이라는 이야기에서는 석류가 중요한 모티

열매가 가득 달린 대추야자 나무

호두를 넣은 말린 대추야자

브로 등장한다. 왕의 후궁이 되기를 거부했다가 추남 마부와 결혼할 뻔한 여주인공은 오래전 부모들끼리 정혼했던 사촌과 운명처럼 하룻밤을 보낸다. 그리고 이들을 맺어준 마신들이 새신랑 하산을 다시 고향으로 데려다 놓으면서, 두 사람은 그날 밤 생긴 아들이 클 때까지 만나지 못한다. 두 남녀가 재회하는 계기는 바로 하산이 만든 석류 설탕 절임이다. 이란에서 흔히 먹는 석류는 씨앗의 수가 1년을 상징하는 365개라고 해서 신성하게 여겨져 왔다. 그리스에서는 여성의 자궁을 상징하는 과일로 페르세포네 여신에게 바쳐지기도 했다.

『천일야화』에 자주 나오는 또 다른 과일은 바로 무화과다. 이집트의 클레오파트라 여왕이 특히 좋아했다고 전해지며 성서에 등장하는 금단의 과일도 사실은 무화과라는 설이 있다. 무화과는 건포도, 건살구처럼 건조해서 장기간 보존하기도 했는데 이렇게 말린 과일은 호두와 피스타치오, 아몬드 등 견과류와 먹으면 찰떡궁합이다. 그밖에 「바그다드의 짐꾼과 세 여인」이라는 이야기를 보면 당시 사람들이 사과와 히브리 복숭아, 터키산 마르멜로, 레몬과 오렌지 등을 즐겨 먹었음을 짐작할 수 있다.

씨앗의 수가 1년을 상징하는 365개라고 해서 신성하게 여겨져 온 석류

달콤한 로쿰

쌀이나 옥수수 전분으로 만든 국수에 장미수나 라임주스를 섞어 얼려 먹는 빙수, 팔루데
사진 출처: Krista on Wikimedia Commons, CC BY 2.0.

한편 인도나 중국, 동남아시아 등지에서 온 귀한 향신료들은 디저트를 비롯한 다양한 음식에 색다른 풍미를 더하고 보존성을 높여주며 약으로도 활용되는 등 쓰임새가 무궁무진했다. 아랍에서 흔하게 쓰이는 향신료와 허브로는 사프란, 쿠민, 타라곤, 고수, 민트 등을 꼽을 수 있다. 그중에서 우리에게 생소한 향신료를 고르자면, 바로 장미를 우려낸 장미수다. 향이 진한 다마스쿠스 장미는 왕이나 귀족들의 음식에 호화로움을 더해 주었는데, 〈요리인류〉의 이욱정 피디는 실처럼 가는 버미셀리 국수에 장미수를 끼얹은 이란식 빙수 '팔루데faloodeh'를 방송에서 선보이기도 했다.

각종 과일과 사탕수수, 향신료가 만나는 아랍 문화권에는 세계적으로도 유례를 찾아보기 힘든 다채로운 디저트 문화가 발달하게 된다. 가령, '터키시 딜라이트'라는 별명을 가진 로쿰lokum은 녹말 성분의 진득한 젤리가 입안에서 부드럽게 녹아내린다. 얇디얇은 페이스트리에 설탕물을 듬뿍 붓고 각종 견과류로 장식한 바클라바baklava, 튀긴 도넛을 꿀에 적신 로크마lokma 등도 유명하다. 입안이 얼얼해질 정도로 달콤한 디저트는 무굴제국 시대 인도

터키식 페이스트리 '바클라바'

에도 유입돼 오늘날 인도식 디저트 역시 막강한 단맛을 자랑한다.

아랍인들이 이처럼 달콤한 디저트에 탐닉한 이유 중 하나는 술을 금기시한 이슬람의 영향도 일부 작용했을 것이다. 다만 물이 귀한 사막지대였던 만큼 대추야자 술은 허용됐다고 하며, 와인도 일부 지역에서 발달했다. 「바그다드의 짐꾼과 세 여인」에서 장을 보던 여인이 가장 먼저 들른 장소가 바로 기독교인의 집인데, 이곳에서 그녀는 커다란 단지에 가득 든 와인을 사 가지고 온다.

'중동' 하면 유목민이 떠오르는 만큼 유제품과 고기도 빼놓을 수 없는 식품이다. 치즈의 기원도 사막을 건너던 상인이 우연히 응고된 양젖을 맛보면서부터라고 한다. 고기의 경우 곡물을 먹는 돼지고기는 금기의 대상이었고, 목초지가 없어 소는 키우기에 적당하지 않았다. 이동하면서 기르기 좋은 양고기가 자연스럽게 주식이 됐는데, 아무래도 들풀을 먹는 양은 냄새가 강한 데다 자연사한 늙은 양을 먹는 일이 많았으므로 누린내를 잡기 위해 향신료로 양념을 했다. 아랍의 레시피에서 영향을 받아 서양에서도 양고기를 조리할 때 향이 강한 민트를 곁들이며, 중국에서 흔히 맛볼 수 있는 양꼬치도 쿠민(중국어로 쯔란)을 섞은 양념에 찍어 먹는다.

또 한 가지 아랍인들이 즐겨 먹는 식재료는 콩이다. 그중에서도 병아리콩(칙피chickpea)을 갈아서 만든 '후무스houmous/hummus'는 우리의 된장처럼 매일 식탁에 오르는 음식으로, 최근에는 한국에서도 건강식이라며 각광받고 있다. 병아리콩을 푹 삶아 소금, 레몬, 마늘 등을 섞고 참깨로 만든 타히니tahini 소스로 맛을 낸다. 「알리바바와 40인의 도둑」에서 동굴 문을 여는 주문 "열려라 참깨!"는 타히니에서 착안한 것인지도 모른다. 후무스는 납작한 빵에 스프레드로 발라 먹거나 각종 채소를 찍어 먹는 디핑 용도로도 쓰이며, 병아리콩으로 만든 다른 음식으로는 동그랑땡과 비슷한 팔라펠falafel이 있다.

병아리콩 으깬 것을 튀겨 만드는 팔라펠

오늘날의 아랍은 지중해를 낀 터키에서부터 아라비아반도, 북아프리카 등 광대한 지역을 포괄하며 다양한 민족만큼이나 다채로운 음식 문화가 발달했다. 마치 페르시아, 중국과 인도를 포함해 세계 각지의 설화를 엮은 『천일야화』 처럼 말이다.

근대 이전의 호화로운 궁중 문화 역시 아랍의 식생활을 더욱 풍성하게 만들었다. 하지만 아쉽게도 국내에서는 그 진가를 아는 이들이 많지 않은 듯하다. 『아라비안나이트』 속 미지의 세계를 탐험하듯, 우리에게는 낯선 아랍의 문화를 음식을 통해 느껴보는 것은 어떨까.

참고 문헌

- 리처드 F. 버턴, 『아라비안나이트』 1~5권, 고산 고정일 옮김, 동서문화사, 2010.
- 엄익란, 『할랄, 신이 허락한 음식만 먹는다』, 한울, 2011.
- 우문호 외 5, 『글로벌시대의 음식과 문화』, 학문사, 2006.
- 〈이욱정 PD의 요리인류 키친〉, KBS 2TV

GREENLAND
CANADA
UNITED STATES
BRAZIL

Chapter 05

한국의 맛

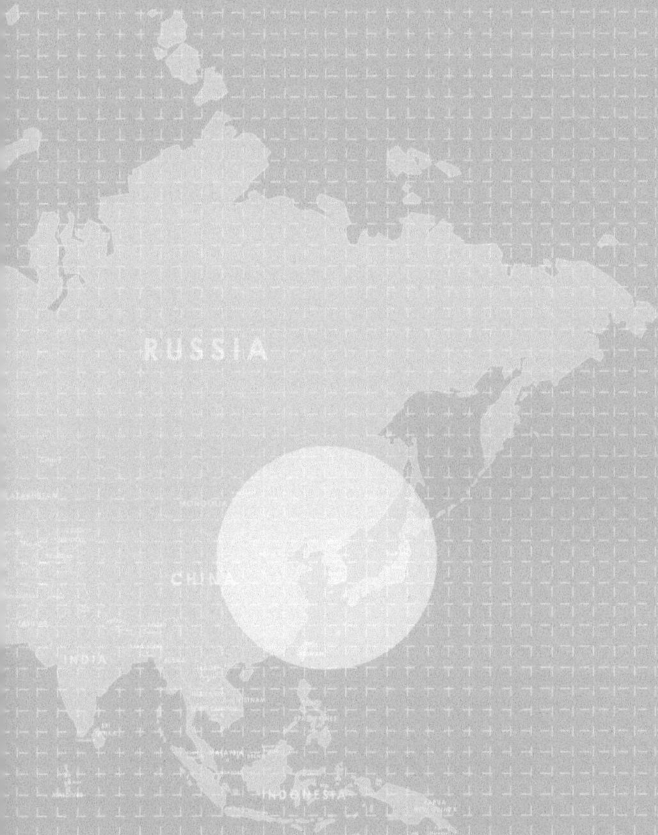

언어와 음식, 문화라는 DNA를 지키는 힘

시인 백석과 아련한 고향의 맛

함흥 영생고보 교사 시절의 백석

2022년 화제를 모은 드라마 〈파친코〉에서 주인공 선자의 어머니는 일본인들에게만 파는 흰쌀을 어렵게 구해 딸에게 먹인다. 딸과 사위가 타지로 떠나기 전, 고향 쌀의 맛을 보여주기 위해서다. 이렇게 각인된 혀의 기억은 수십 년의 세월이 흘러도 살아남아 고된 삶을 지탱해 주는 버팀목이 된다.

일제 강점기, 당대의 모던 보이로 불리던 시인 백석이 식도락가였다는 것은 최근 들어 알려진 사실이다. 그의 시에 등장하는 음식의 종류는 150종에 이르며 그의 소작所作 총 95편 중에서 음식이 언급되지 않는 것은 불과 28편에 지나지 않을 정도다. 그런데 백석이 다룬 음식은 모던 보이들이 즐기던 양요리나 커피가 아니다. "진장에 꼿꼿이 지진" 달재 생선 혹은 구수한 메밀국수처럼 친근한 고향 음식이 대부분이다.

이런 성향은 그가 사용한 시어와도 일맥상통한다. 1912년 평안북도 정주에서 태어난 백석은 고향의 방언을 활용해 세련되면서도 토속적인 시들을

백석 시 중 가장 잘 알려진 「나와 나타샤와 흰 당나귀」
사진 출처: 웬디러비 on Wikimedia Commons, CC BY-SA 3.0.

써냈다. 특히 일제 강점기 서민들의 삶을 가감 없이 담아내며, 고국의 언어와 문화를 지키려는 노력을 게을리하지 않았다.

백석이 문인의 길을 걷게 된 것은 1929년 오산고보를 졸업한 후 이듬해 《조선일보》 신년현상문예에 단편소설 「그 모母와 아들」이 당선되면서부터다. 조선일보사가 후원하는 춘해장학회의 장학생으로 선발된 백석은 일본 도쿄로 유학, 아오야마학원 영어사범과에 입학한다. 유학 중 일본 시인 이시카와 다쿠보쿠石川啄木의 시를 즐겨 읽었고, 모더니즘 운동에 관심을 가졌다.

학업을 마친 후 고국에 돌아온 그는 《조선일보》 기자로 근무하게 된다. 공직 진출이 거의 불가능했던 조선인들에게 신문 기자는 최고의 엘리트로 대우받는 직업이었다. 그러나 1936년 시집 『사슴』을 간행한 후 백석은 돌연 《조선일보》를 사직했으며 함경남도 함흥 영생여고보 영어 교사로 부임했다. 이후 《여성》 지 편집 주간 일을 하는가 하면 고향인 평안북도를 여행하고, 만주국 국무원 경제부 말단 직원으로 근무했으나 창씨개명의 압박 때문에 그만두게 된다.

생전에 많은 시를 남겼고 당대의 유명 문인들과 교류했으나, 아이러니하게도 백석이라는 이름은 오랫동안 문학사에서 금기시돼 왔다. 그가 해방 후 고향이 있는 북한에 자리를 잡았기 때문이다. 백석은 1946년 북조선예술총동맹이 결성된 후 1947년 문학예술총동맹 외국문학 분과위원이 되고, 러시아 문학 번역에 매진했다고 한다. 1949년 조선작가동맹 기관지 《문학신문》 외에 《아동문학》, 《조쏘문학》 등의 편집 활동을 이어갔다.

그러나 6.25 휴전 협정 후인 1958년, 그는 작품이 김일성 정권의 문예 정책에 어긋난다는 이유로 자아비판을 강요당한 뒤 양강도로 추방됐다. 사상과 함께 문학적 요소도 중요시하자는 주장을 했다가 반동으로 몰린 것이다. 백석은 양강도 삼수군의 협동농장 축산반으로 쫓겨났으며, 1962년 이후로는 문학 활동을 한 기록이 없다. 1996년 사망했다고 알려졌으며, 그 외 자세한 만년 근황은 전해지는 바가 없다.

90년대 이후 납북·월북 인사에 대한 해금이 이뤄지면서 백석의 이름은 다시 빛을 보게 됐다. 노천명 시인의 시 「사슴」의 모티브가 된 인물로 유명세를 탔으며, 요즘 연예인 못지않게 잘생긴 외모가 드러난 사진이 온라인에서 화제가 되기도 했다. 일제 강점기를 무대로 한 영화 〈모던 보이〉의 주연 배우 박해일은 사진 속 백석의 머리 스타일을 영화 속에서 재현했다고 한다.

그의 대표작으로는 정주의 고향 마을을 소재로 한 「북방」, 「남신의주 유동 박시봉방」, 「나와 나타샤와 흰 당나귀」, 「국수」, 「흰 바람벽이 있어」 등이 유명하다. 특히 시집 『사슴』에 수록된 「통영」, 「적경」, 「여우난골족」 등의 작품은 모더니즘을 바탕으로 하면서도 고향의 정취를 담은 명시로 사랑받고 있다.

백김치를 넣은 메밀 칼국수 / 사진 출처: 맛객 on Wikimedia Commons, CC BY 4.0.

명태 창난젓에 고추무거리에 막칼질한 무이를 비벼 익힌 것을
이 투박한 북관北關을 한없이 끼밀고 있노라면
쓸쓸하니 무릎은 꿇어진다

시큼한 배척한 퀴퀴한 이 내음새 속에
나는 가느슥히 여진女眞의 살내음새를 맡는다

얼근한 비릿한 구릿한 이 맛 속에선
까마득히 신라 백성의 향수도 맛본다[16)]

이 시 「북관北關」에서 그는 음식을 통해 이루어지는 과거와 현재의 만남

16) 백석, 「북관」, 『정본 백석 시집』, 문학동네, 2020, p.85.

을 묘사했다. 창난젓 하나에서 수백 년 또는 천여 년을 거슬러 옛사람들의 체취를 맡는다는 내용은 나라를 잃어버린 시절, 그가 가장 소중히 여겼던 가치가 무엇인지 알 수 있게 해준다.

그런가 하면 「북신北新」의 화자는 "부처를 위하는 정갈한 노친네의 내음새"를 풍기는 모밀국수(메밀국수)에 "털도 안 뽑은 도야지고기"를 얹어 삼키는 사람들을 보면서 소수림왕과 광개토대왕을 떠올린다. 슴슴한 메밀로 만든 메밀국수는 검소한 서민의 음식이다. 수행하는 승려들이 먹는 절 음식이기도 하다. 그런데 여기에 제대로 손질도 되지 않은 돼지고기라는, 야성이 넘치는 재료를 곁들인다.

이 모순된 조합을 두고 『백석의 맛』을 저술한 울산대 국어국문학부 소래섭 교수는 "부처의 계율과 세속의 식욕이라는 모순이 고구려에 불교를 들여온 소수림왕과 영토를 확장한 광개토대왕을 통해 다시 한번 변주"[17]되고 있는 셈이라는 해석을 내놓기도 했다.

한편 "동해 가까운 거리로 와서 나는 가재미와 가장 친하다. 광어, 문어, 고등어, 평메, 횃대…. 생선이 많지만 모두 한두 끼에 나를 물리게 하고 만다. 그저 한없이 착하고 정다운 가재미만이 흰밥과 빨간 고추장과 함께 가난하고 쓸쓸한 내 상에 한 끼도 빠지지 않고 오른다."[18]라고 쓴 수필 「가재미·나귀」에서는 소박한 음식이 주는 정감을 그려냈다. 가자미에 좁쌀을 넣어 삭힌 가자미식해는 오늘날에도 속초 지역에서 실향민의 음식으로 명맥을 유지하고 있다.

여행을 다니면서 맛보았던, 각 지역 고유의 식재료를 담은 시도 다수

17) 소래섭, 『백석의 맛』, 프로네시스, 2012, p.87.

18) 백석, 「가재미·나귀」(1936년 9월 2일자 《조선일보》 발표), 『100년 전 우리가 먹은 음식』, 가갸날, 2017, pp.13~14.

나물 반찬

다. 안동에서는 "향취 높은 취향리 돌배"를, 강원도에 가서는 메밀국수와 감자떡을 시에 등장시켰다. 평안도 일대에 가서는 뜨끈한 술집 구들에서 소주와 시래깃국, 술국을 먹고 싶다는 언급도 나온다. 이 지역의 향토 음식으로는 도토리묵, 강낭엿, 기장감주, 호박죽 등을 든다. 사랑하는 여인 '란'을 찾아갔던 통영의 음식으로는 전복과 해삼, 도미, 가재미 외에 파래와 아개미, 호루기가 등장한다. 아개미는 젓갈을 담가 먹는 아가미를 말하며, 호루기는 작은 살오징어를 가리킨다.

일본에서 맛본 금귤과 참치회, 만주의 중국인들이 즐겨 먹던 수박씨가 등장하기도 하지만 그는 마타리, 쇠조지, 가지취, 고비, 고사리, 두릅, 순회순 같은 봄나물, 그리고 수수하고 소박한 음식을 사랑했다. 귀한 약재인 숙지황, 목단, 백복령, 작약, 택사 등을 달인 육미탕은 치유를 이야기하는 소재다. 소나무 껍질로 만든 송기떡에 콩가루떡, 두부와 콩나물을 곁들인 잔대, 새우와 무를 끓인 무이징게국도 고향을 떠올리게 하는 그리운 맛이다. 그 백미는 온 가족이 모인 명절 풍경을 묘사한 「고야古夜」에 특히 잘

송편 / 사진 출처: wizdata on Wikimedia Commons, CC0 1.0.

드러나 있다.

> 내일같이 명절날인 밤은 부엌에 쩨듯하니 불이 밝고 솥뚜껑이 놀으며 구수한 내음새 곰국이 무르끓고 방안에서는 일가집 할머니가 와서 마을의 소문을 펴며 조개송편에 달송편에 죈두기송편에 떡을 빚는 곁에서 나는 밤소 팥소 설탕 든 콩가루소를 먹으며 설탕 든 콩가루소가 가장 맛있다고 생각한다
>
> 나는 얼마나 반죽을 주무르며 흰가루손이 되어 떡을 빚고 싶은지 모른다[19]

남과 북이 분단된 지 어느덧 70여 년이 흘렀다. 문자나 그림처럼 실물을

19) 백석, 「고야」, 『정본 백석 시집』, 문학동네, 2020, p.29.

담아둘 수 없는 음식은 세월만큼 그 간극이 커졌다. 실향민인 소설가 박완서는 생전에 식당 '용수산'의 개성 음식을 맛보고 "지나치게 세련됐다."며 고향에서 먹던 음식과는 다르다는 감상을 남겼다. 중국에서 운영되는 북한 정부 직영 식당의 음식은 분단 전과도, 오늘날 남한 사람들의 입맛과도 거리가 있다. 아마 백석 역시 맛이라는 감각을 그대로 박제할 수는 없다는 사실을 알았을 것이다. 그럼에도 그가 수많은 음식들을 시 속에 담았던 이유는 어떻게든 문화라는 DNA를 남겨두고 간직하려고 했기 때문이 아닐까.

참고문헌

- 백석, 『백석 정본 시집』, 고형진 엮음, 문학동네, 2020.
- 백석, 이효석, 채만식, 『100년전 우리가 먹은 음식』, 가갸날, 2017.
- 소래섭, 『백석의 맛』, 프로네시스, 2009.
- 박완서 외 12, 『잊을 수 없는 밥 한 그릇』, 한길사, 2004.
- 〈파친코〉 4화, 애플TV, 2022.

전통 오락의 재미를 돋우는 조선 시대 먹방

판소리 다섯 마당과 우리 전통 음식

"흥선대원군, 고종 때 했던 판소리랑 정조 때 판소리랑 같은 판소리일까요? 아니란 말이죠. (중략) 저는 그냥 제가 즐기는 게 21세기의 판소리라고 생각해요. 갓 쓰고 도포 입고 하는 것도 21세기의 판소리고, 이날치를 이렇게 하는 것도 21세기의 판소리인 거죠."[20]

〈범 내려온다〉로 유명한 국악 밴드 이날치가 했던 말이다. 다른 나라의 전통 예술처럼 판소리 역시 다양한 변화를 거듭해 왔다. 또 같은 시대 안에서도 화자에 따라 창법과 이야기 흐름, 결말이 달라지는 등 듣는 이들의 기호에 맞춘 다채로운 변주를 보여준다는 점은 판소리의 또 다른 매력이다.

현란한 CG도 없고 무대 연출에도 한계가 있었던 시절, 전기수傳奇叟[21]나 소리꾼들은 오감을 자극하는 다양한 소재를 동원해 무대에 재미를 더했다. 먹는 이야기도 빠질 수 없었는데, 그 묘사는 '조선시대 먹방'을 방불케 한다. 농경 민족의 전통을 반영하듯 수십 가지 곡물과 과일 이름을 늘어놓는가 하면 구경도 못 해본 임금님 수라상도 호화롭게 펼쳐진다. 선조들의 신명 나는 장단을 통해 오늘날 우리는 당시 식문화에 대한 귀중한 자료도 얻을 수 있게 됐다.

20) "'낯선 것의 지속 가능성' 21세기에 탄생한 혼종 밴드 이날치가 보여주는 음악실험", 《허프포스트》, 2020. 06.02.

21) 조선 후기 소설을 전문적으로 읽어주던 낭독가.

명창 안숙선의 〈흥부가〉 공연 장면
사진 출처: by bdnegin on Wikimedia Commons, CC BY-SA 3.0.

판소리 다섯 마당 중 첫 번째인 〈심청가〉 에 등장하는 음식은 서민들이 먹던 일상식이 주를 이룬다. 심청의 어머니 곽씨 부인은 마을 대소사가 있을 때마다 품팔이를 가서 증편, 중계약과, 과잘(산자[22]에 잣이나 호두를 붙여 만든 과자), 다식, 정과, 냉면, 화채, 신선로, 오색탕수(오방색을 이용한 제사 음식) 만드는 일을 거든다. 뱃사람들의 인당수 고사와 심청이 용궁에서 대접받는 장면에는 다양한 술이 등장하는데, 찹쌀과 멥쌀로 만든 증류주인 한주, 담근 지 천 일 만에 마신다는 천일주, 각종 약주에 신선의 술이라는 옥액경장玉液瓊漿 등이 언급된다.

어린 심청이 밥을 빌어 부친에게 상을 차려줄 때 등장하는 음식으로는 흰밥, 팥밥, 미역 튀각, 갈치자반 같은 것들이 있다. 마을 사람들이 먹을 것을 나눠 줄 때는 보리밥, 수수밥, 나물, 김치, 젓갈 등도 나온다. 다양한 곡류로

22) 찹쌀가루를 반죽하여 납작하게 만들어 말린 것을 기름에 튀기고 꿀은 바른 후 그 앞뒤에 튀긴 밥풀이나 개를 붙여 만든 유밀과의 하나. 흰색과 붉은색의 것이 보통이며, 제물에도 쓴다. (출처: 『표준국어대사전』)

지은 밥에 채소와 어패류, 발효 식품을 반찬 삼아 먹어온 우리 전통 식생활에서 크게 벗어나지 않는 묘사다.

한편 〈춘향가〉는 그 무대가 먹거리의 고장인 전라도인 데다 기방의 주안상이 등장하므로 다섯 마당 중 가장 호사스러운 음식 묘사를 볼 수 있다. 특히 월매가 이도령에게 술상을 대접할 때는 "주효를 차릴 적에 안주 등물 볼 것 같으면 괴임새도 정결하고 대양푼 가리찜, 소양푼 제육찜, 풀풀 뛰는 숭어찜, 포도동 나는 메추리탕에 동래 울산 대전복 대모 장도 드는 칼로 맹상군孟嘗君의 눈썹처럼 어슷비슷 오려 놓고, 염통산적, 양볶이와 춘치자명 생치 다리, 적벽 대접 분원기에 냉면조차 비벼놓고 생률 숙률 잣송이며 호도 대추 석류 유자 준시 앵두 탕기 같은 청술레를 칫수 있게 괴어"놓아 마치 고급 한정식집에 온 듯한 착각마저 들게 한다.

동래, 울산 같은 다소 먼 지역의 식재료까지 상에 오르는 것에서 상인을 통해 각지의 특산물이 모여들었던 전라도의 지역적 특성을 엿볼 수 있다. 고기가 귀했으므로 소나 닭 외에 메추리, 꿩고기도 식재료로 쓰이며 염

프랑스에서 발행된 『춘향전』
사진 출처: Jocelyndurrey on Wikimedia Commons, CC BY-SA 4.0.

통과 양 등 내장까지 알뜰하게 활용하고 있다.

〈춘향가〉 에서는 술 종류도 다양하게 묘사된다.

> "이적선 포도주와 안기생 자하주와 산림처사 송엽주와 과하주 방문주 천일주 백일주 금로주 팔팔 뛰는 화주 약주 그 가운데 향기로운 연엽주 골라내어 알안자 가득 부어 청동화로 백탄 불에 남비 냉수 끓는 가운데 알안자 둘러 불한불열 데어 내어 금잔 옥잔 앵무배를 그 가운데 데웠으니(중략) 권주가 한 곡조에 일배일배부일배라."

형편에 따라 다르기는 했지만, 옛사람들은 다양한 가양주家釀酒를 빚어서

여인들의 외출이 허용되던 단오절은 춘향과 몽룡의 첫 만남이 이뤄진 날이기도 하다.
이미지 출처: 한국데이터베이스산업진흥원 via 공유마당, 혜원 전신첩_단오풍정, CC BY 4.0.

한정식 한 상

제사나 잔치에 대비해 보존해 두었다. 주안상은 각각의 술과 어울리는 재료를 활용해 계절감을 맞춰 차려내는 것이 보통이었다. 술상에 냉면이 등장하는 것도 흥미로운 부분인데, 이는 가벼운 해장을 위해 냉면으로 속을 달래던 구한말 요릿집의 '선주후면先酒後麵' 풍습을 떠오르게 한다.

슈박(수박), 능금, 곳쵸 같은 외래 농작물도 언급되는데, 이는 판소리가 구전되면서 시대에 따라 조금씩 윤색이 이뤄졌음을 의미한다. 초창기 〈춘향가〉와 후대 사람들이 살을 붙여 종합예술화한 판소리에는 상당한 차이가 있는 것이다. 실제로 이들 작물은 임진왜란 후인 17세기 이후에 들어왔으며 고추 같은 채소류가 보편적으로 쓰이게 된 것은 19세기 들어서의 일이다. 특히 고추의 유입은 한국인의 식생활에 혁명적인 변화를 가져오게 된다.

반면 〈흥부가〉 속 음식은 화려함보다 푸짐함이 강조된다. 끼니도 잇기 어려운 상황에서 굶주린 아이들이 상상으로나마 먹고 싶은 음식을 떠올리는 대목이 왠지 짠하다. 그중 고기와 떡의 비중이 높은데, 둘 다 농경 사회에서는 귀한 음식에 속했다는 공통점이 있다.

전통술 '이강주'를 내리는 모습/ 사진 출처: Republic of Korea on Flickr, CC BY-SA 2.0. 한국 해외문화홍보원(KOCIS) 공식 사진작가 김선주 촬영

〈흥부가〉에 등장하는 고기 종류는 닭, 쇠용도리(쇠뼈), 빙아리(병아리), 황육(쇠고기) 등이고, 고기를 이용한 요리로는 육만도(고기만두), 졍국(개장국), 탕(자라탕), 골탕(소의 등골이나 머릿골을 맑은 장국에 넣어 익힌 국), 니어집(잉어찜), 영게집(영계찜), 갈비찜, 셜산젹(사슬산적: 쇠고기 따위를 길쭉길쭉하게 썰어 갖은 양념을 하여 대꼬챙이에 꿰어서 구운 것)이 나온다.

그중에서도 개는 기르기가 쉬운 데다 고기의 값이 저렴해 계층을 막론하고 널리 먹었다. 양반가 여성이 저술한 『음식디미방閨壼是議方』이나 『규합총서閨閤叢書』에도 개를 잡는 법, 털 뽑고 손질하는 법, 조리법 등이 상세하게 묘사돼 있다. 〈흥부전〉 속 개장은 개를 잡아 삶아서 파, 고춧가루, 생강 등을 넣고 푹 끓인 것으로, 여름 더위를 이기는 대표 보양식이었다.

흥부네 아이들은 가장 먹고 싶은 음식으로 떡을 꼽는다. 조선 후기 떡의 종류는 약 200종에 이를 만큼 다양했다. 호박떡부터 정절편(절편), 화젼(화전), 모밀범벅(메밀범벅), 찰떡 등이 작품에서 언급된다. 진달래나 장미, 맨드라미 등을 사용한 화전은 계절감을 살리면서 맛과 멋이 함께하는 최고의 사치품이었다.

그런가 하면 〈수궁가〉에서는 등장하는 물고기들의 이름을 통해 당시 사람들이 이용했을 수산 자원을 짐작해 볼 수 있다. 용궁 어전 회의에는 금고(금고래), 금거복, 샹어, 졈복(전복), 광어, 슝어(숭어), 민어, 농어, 쟝어(장어), 병어, 쥰치(준치), 방어, 문어, 자가살이(감어), 도미, 모못치(모래무지), 망동이, 자라, 강다리, 고지, 모장어, 볼거지, 이(밴댕이), 송살이, 밋구리(미꾸라지), 샴(해삼), 홍합, 대합, 소라, 고동, 우렁이, 오(새우), 둑이(꼴뚜기), 죠(조개), 방게, 리어(잉어), 감을치(가물치), 법게, 대구, 봉어, 위어(웅어) 등이 등장한다.

또한 가마윤긔탕, 가미디황탕, 오약슌긔탕, 시호방풍탕, 자음강화탕, 십젼대보탕 같은 약재 음료가 언급되는 것도 특징이다. 고려 중기 이후 인삼

화전 / 사진 출처: Republic of Korea on Flickr, CC BY-SA 2.0.
Korea.net 공식 사진작가 전한 촬영

을 비롯한 약재에 대한 활발한 연구와 의학 제도 정비를 통한 의학 장려의 결과로 볼 수 있다.

끝으로 〈적벽가〉 는 다른 판소리 작품과 달리 전쟁 상황을 배경으로 하고 있어 음식 묘사가 자주 나오지는 않는다. 다만 술과 떡, 고기로 출전하는 병사들의 사기를 돋우는 장면이 인상적이다. 술은 단순한 기호 음료가 아니라 풍류의 상징이었으며 우의를 다지고 조상에게 예를 표할 때 빠질 수 없는 매개체로서 중요성을 갖는다. 조선 후기 이규경의 『오주연문장전산고五洲衍文長箋散稿』 같은 문헌을 보면 당시 사람들이 청명주淸明酒, 평양의 감홍로주甘紅露酒, 한산의 소국주小菊酒, 홍천의 백주白酒, 여산의 호산춘주壺山春酒 등을 명주로 꼽았음을 알 수 있다.

옛사람들이 즐긴 전통 예술은 비록 다양성 면에서는 현대에 뒤질지언정 한정된 소재 내에서 모두가 흥을 누릴 수 있는 공동체성이 있었다. 또 그 시절의 음식 문화는 오늘날에 비해 풍족하지는 못하지만 훨씬 다채로운 재료와 아이디어가 숨어 있다. 이는 어떻게든 먹을 만한 것을 찾아내기 위해 했던 필사의 노력의 결과라고 할 수 있겠다. 이런 문화유산들이 식민지와 전쟁이라는 격변기, 과속 수준으로 이뤄진 산업화 탓에 제대로 전해지지 못하고 있는 것은 큰 손실이 아닐 수 없다.

참고문헌

- 김석배, 『판소리와 판소리문화』, 박문사, 2022.
- 주영하, 김호, 김소현, 정창권, 『19세기 조선, 생활과 사유의 변화를 엿보다』, 돌베개, 2005.
- 안동장씨부인, 『음식디미방』, 궁중음식연구원, 2010.
- 김미혜, 「조선후기 文學과 繪畫에 나타난 한국음식문화 연구: 판소리소설, 풍속화, 기속시를 중심으로」, 호서대학교 박사학위 논문, 2008.

양반가 삼대의 생로병사를 담은 세밀하고 거대한 민속화

최명희의 『혼불』과 남도 음식

먼 옛날 우리 조상들은 푸르스름한 혼불이 보이면 두 손을 모아 망자의 명복을 빌었다고 전해진다. 사람의 혼을 이루는 바탕인 '혼불'을 주제로 소설가 최명희는 우리 민족의 가장 어두운 시기였던 1930년대, 고통 속에서도 처연한 삶을 이어간 이들의 군상을 담았다.

이 작품은 양반가 삼대의 이야기를 다루고 있다는 점, 일제 강점기를 배

삼신할머니께 감사를 올리기 위해 차리는 '삼신상'
사진 출처: 한국관광공사 사진갤러리-김지호

경으로 한다는 점 등에서 박경리의 『토지』와 자주 비교된다. 하지만 다양한 사건들이 복잡하게 얽히며 전개되는 『토지』와 달리 『혼불』은 세밀하고도 거대한 민속화처럼 등장인물들이 태어나고, 사랑하며, 죽어가는 모습을 담담하게 그려낸다.

최명희는 관혼상제를 비롯해 삶의 주기에 따른 양반가의 풍속 묘사에 많은 지면을 할애한다. 그리고 그 과정에서 빼놓을 수 없는 존재가 바로 생존과 직결되는 음식이다. 더구나 오늘날에도 맛의 고장으로 불리는 전라도를 무대로 하는 만큼, 책장을 넘기다 보면 호화로운 잔칫상을 대하는 듯한 기분에 빠져들게 된다.

삶의 첫 단계, 탄생의 순간에 등장하는 인물은 가련한 운명을 타고난 여인 강실이다. 오류골댁이 강실을 출산하자 삼신상에는 흰쌀밥 세 그릇과 미역국, 시루떡 그리고 정갈한 정화수가 차려진다. 산달이 되면 흰쌀과 미역을 미리 윗목에 두어 순산을 기원하며, 아기가 태어나면 바로 그 쌀로 밥을 짓고 미역국을 끓여 삼신할머니께

1930년대 혼례식 장면을 담은 채색 엽서

감사를 올리는 풍습이다.

산모가 먹을 미역은 그 값을 깎지 않으며 꺾지 않고 새끼줄로 묶어야 한다는 금기도 있었다. 미역값을 깎거나 줄기를 꺾어버리면 태어날 아이의 팔자가 박복해진다는 이유에서다. 또한 시루떡을 올리는 것은 붉은 팥이 부정한 기운을 쫓아낸다는 믿음에 바탕을 두고 있다.

이렇게 태어난 아이가 첫돌을 맞으면 무병장수를 기원하는 돌상을 차린다. 귀한 종손 이강모의 돌상에 매안 이씨 집안 사람들은 흰밥과 미역국, 푸른 나물, 백설기. 붉은 팥을 묻힌 수수경단, 오색 송편을 준비한다. 돌잡이 음식으로는 과일, 국수, 쌀, 떡 등이 차려지는데, 과일은 자손 번창을, 국수는 장수를, 쌀은 부귀를 의미한다. 눈처럼 하얗고 쉽게 상하지 않는 백설기는 아기가 병 없이 무탈하게 자라기를 기원하는 뜻으로 돌상과 백일상에 오르는 떡이다. 찰수수 가루로 빚어 삶은 뒤 붉은 팥고물을 묻힌 수수팥떡도 아기의 백일이나 돌날에 만들어 이웃과 나눠 먹는다.

소설 『혼불』은 강모와 효원의 왁자지껄한 혼례로 그 시작을 알린다. 효원의 친정 대실에서는 "연한 살코기를 자근자근 칼질하여 갖가지 양념을 넣고 고루 간이 잘 밴 쇠고기를 꼬챙이에 꿰어 석쇠에 굽는 냄새, 같은 쇠고기가 들어가는 음식이라도 도라지가 들어가 참기름에 섞이는 냄새"[23]가 이른 아침부터 코를 찌른다.

부엌 찬모 콩심어미는 뜨거운 솥뚜껑에 연방 기름을 둘러가며 전유어를 지지고, 딸 콩심이는 부서진 떡이며 적炙[24] 조각을 눈치껏 얻어먹기 바쁘다. 그 옆에서 서저울네는 생도라지를 소금물에 간간하게 삶으며 후춧가루, 소금, 깨소금, 파, 마늘을 언뜻 언뜻 챙긴다. 갖은양념을 한 쇠고기와 도

23) 최명희, 『혼불』 1권, 매안, 2009, p.11.

24) 생선이나 고기 따위를 양념하여 대꼬챙이에 꿰어 불에 굽거나 지진 음식.

라지, 각종 채소에 잣가루로 장식한 화양적이 순식간에 만들어진다.

초례가 끝나고 신랑 신부만이 남은 신방에는 다산의 상징인 밤과 대추가 수북하게 놓여 있다. 부부의 금슬을 좋게 한다는 합환주에는 자귀나무 꽃이 사용된다. 하지만 신부의 화려한 옷과 치장도, 자귀나무 향도 어린 신랑 강모에게는 버겁게 느껴질 뿐이다. 이렇게 종부 효원의 고독한 시집살이는 시작된다.

효원에게 유일하게 의지가 되었던 이가 바로 시할머니 청암부인이다. 초례를 치르고 시댁에 정식으로 들어서기도 전에 신랑을 잃고 매안 이씨 종가의 며느리가 된 그녀는 주어진 운명에 순응하며 가문을 지키는 정신적 지주로 살아간다. 쓸쓸한 삶을 마친 청암부인의 장례는 아이러니하게도 잔치를 연상시킬 만큼 성대하다. 상을 당했을 때 소나 돼지를 잡아 문상객들을 극진히 대접하는 대목에서는 슬픔을 함께 나누는 공동체 사회의 단면을 엿볼 수 있다.

이때 대접하는 '손님' 중에는 저승사자도 포함된다. 저승사자들을 잘 대접하면 망자의 저승길이 편할 수도 있고, 영혼을 데려가지 않을 수도 있다는 것이 옛사람들의 믿음이었다. 세 사람의 저승사자를 위해 밥과 술, 짚신, 돈 등을 모두 셋씩 차리며 반찬으로는 간장이나 된장만 올린다. 그 이유가 재미있는데, 사자들이 짠 간장 때문에 목이 말라 자주 쉬거나 물을 마시러 되돌아오도록 하기 위해서다. 이 과정에서 망자를 데려가는 시간을 늦추거나 다시 데려올 수도 있다고 믿은 것이다.

고인을 위해서는 살아생전 쓰던 그릇에 미음과 과일을 담고 술을 따라 시신의 동쪽 어깨 닿는 곳에 상을 올린다. 양아들이자 상주인 이기채는 버드나무로 깎은 수저를 들어, 물에 불린 쌀을 입에 넣어주며 어머니의 명복을 기원한다.

제사상

한 사람이 생을 다한 후 치르게 되는 마지막 통과의례는 바로 제사다. 매안 이씨 가문의 제사상은 "머리에 주악과 단자를 얹은 녹두 백편·거피 팥 백편·흑임자 백편의 떡 종류는 편틀에다 포개어 괴고, 검은 흑임자강정에 흰깨 강정·백산자·다식·약과를 놓은 옆에는 밤·대추·곶감·은행 그리고 아래위를 하얗게 도려낸 사과·배와 붉은 감들이 진찬되었다. 또 삼적으로 쇠고기를 손바닥만큼씩 넓고 두껍게 저미어 잔칼질을 하고는 양념하여 꼬챙이에 서너 장씩 꿰어 구운 육적과 통째로 양념을 한 뒤 노란 지단과 실고추로 곱게 고명을 얹어서 찐 어적들, 그리고 대가리 온전하게 달린 것을 손질하여 쪄낸 닭을 올린다."[25]라고 묘사됐다.

제사상에 빠질 수 없는 또 다른 음식이 간납과 탕이다. 간납은 "쇠간이나 처녑 그리고 쇠고기와 생선들을 얇게 저미거나 곱게 다져서 밀가루를 입히

25) 최명희, 『혼불』 4권, 매안, 2009, pp.243~244.

고 달걀을 씌워 기름에 부친 저냐"를 가리킨다. 탕은 "쇠고기를 진진히 우러나게 고다가 다시마와 건문어·두부를 함께 넣고 끓이어 건더기는 각각 다른 그릇에 떠서 육찬 어탕 소탕으로 하고" 국물은 '갱'이라고 해서 따로 국그릇에 하나만 떠놓는다. 그밖에 "육포·어포· 건문어·북어포 등 포 종류와 고사리·도라지·삼색 나물과 김치, 떡을 찍어 먹을 꿀이며 간장, 초간장"이 제사상에 차려진다.[26)]

제수 음식은 굳이 형식에 얽매이지 않고 고인이 생전에 좋아했던 음식을 올리기도 했다. 오늘날 종묘 제의에는 잡곡과 쌀, 고기를 날것으로 진설하고 '현주玄酒'라 하여 맹물을 올리는 전통이 아직까지 남아 있다.

청암부인의 유언은 다음과 같았다. "이제 나 죽고 나서 제사가 돌아오거든 모쪼록 음식을 걸게 하여 아끼지 말고, 술도 많이 빚고, 떡도 많이 허고, 도야지도 잡어서, 그 하루 너나없이 온 동네가 다 재미나고 풍족하게 노나 먹도록 해 주어라. 슬피 울어 곡소리 진동허게 허는 대신, 내 제삿날이 흥겹고 좋은 날이 되도록 부디 성심을 기울여 다오."[27)]

소설을 다 끝맺지 못하고 생을 달리한 최명희 작가도 이와 비슷한 유언을 남겼다. "혼불 하나면 됩니다. 아름다운 세상입니다. 참 잘 살다 갑니다." 나라도 정체성도 빼앗긴 시절, 등장인물 군상의 옛 가치를 지켜내려는 노력은 마치 떠나가는 혼불을 잡으려는 움직임처럼 공허한 것인지도 모르겠다. 하지만 생을 마치는 순간까지도 넉넉한 마음을 잃지 않았던 청암부인이나 가련한 강실을 보듬고 감싸 안는 효원의 모습에서 독자들은 오래된 존재만이 지닌 아름다움을 간접 체험할 수 있었을 것이다.

---

26) 위의 책, pp.243~244.

27) 위의 책, p.236.

참고문헌

- 최명희, 『혼불』 (1~10권), 매안, 2009.
- 한복진, 『우리가 정말 알아야 할 우리 음식 백가지, 현암사, 2005.
- 이춘자, 『통과 의례 음식』, 대원사, 2005.
- 박경화, 「'혼불' 배경 및 인물 연구」, 한남대학교 교육대학원 석사학위 논문, 2009.
- 정혜경, 우나리야, 김미혜, 「소설 "혼불" 속 전통음식의 문화적 이해 - 통과의례 음식을 중심으로」, 『한국식생활문화학회지』 Vol.25, No.4, 2010, pp.416~427.
- 최명희 문학관

세계명작에 숨어있던 맛있는 이야기

내 책갈피 속 봉봉

1판 1쇄 2024년 12월 30일

저자 정세진
발행인 이경화

발행처 디자인21
주소 04560 서울특별시 중구 퇴계로 293-1(3층)
전화 02-2269-6561(대)
팩스 02-2269-6568
e-mail 21publish@naver.com
블로그 https://blog.naver.com/publish21
인스타 https://www.instagram.com/21publish.co.kr
홈페이지 https://21publish.co.kr

등록번호 제1-1128호
등록일자 1991. 2. 12

ISBN 978-89-6131-163-2 03900

정가 22,000원